清华大学探臻科技评论社
编著

下一代
创新科技

（第1辑）

Next-Generation
Innovative
Technologies

清华大学出版社
北京

版权所有，侵权必究。举报：010-62782989，beiqinquan@tup.tsinghua.edu.cn。

图书在版编目（CIP）数据

下一代创新科技. 第1辑 / 清华大学探臻科技评论社编著；— 北京：清华大学出版社，2024.4
ISBN 978-7-302-65400-1

Ⅰ.①下…　Ⅱ.①清…　Ⅲ.①技术革新—研究—中国　Ⅳ.①F124.3

中国国家版本馆CIP数据核字（2024）第043784号

责任编辑：王如月
装帧设计：文化·邱特聪
责任校对：王荣静
责任印制：杨　艳

出版发行：清华大学出版社
　　　　　网　　址：https://www.tup.com.cn, https://www.wqxuetang.com
　　　　　地　　址：北京清华大学学研大厦A座　　　　邮　编：100084
　　　　　社 总 机：010-83470000　　　　　　　　　　邮　购：010-62786544
　　　　　投稿与读者服务：010-62776969, c-service@tup.tsinghua.edu.cn
　　　　　质量反馈：010-62772015, zhiliang@tup.tsinghua.edu.cn
印 装 者：北京博海升彩色印刷有限公司
经　　销：全国新华书店
开　　本：185mm×260mm　　　印　张：11.75　　　字　数：240千字
版　　次：2024年4月第1版　　　　　　　　　　　　　印　次：2024年4月第1次印刷
定　　价：168.00元

产品编号：102739-01

本书编委会

主任

赵 岑　梁君健

委员

徐 鹏　兰 旻　欧阳礼亮　金雨浩　胡明远

执行主编

陈星安　魏一凡　程泽堃　姜惠雯　王智慧

编委（按姓氏笔画排序）

车明遇　田博文　任 梁　庄伟建　刘 轩　许鹤麟　陈为哲
赵洪程　柯天祺　秦文楷　徐一凯　唐淑臣

特别鸣谢（按姓氏笔画排序）

王 兵　宋 亮　胡 钰

出版说明

2022年清华大学发布了"清华青年最关注的改变未来十大变革科技"榜单。该榜单聚焦世界科技前沿、国家重大战略和推动时代进步并引领相关行业科技变革的科技热点，由清华大学的专家学者进行评价和解读，同时将评选出的改变未来十大科技内容编写成书，取名为《下一代创新科技》。为此，清华大学探臻科技评论社专门成立了编委会，负责此书具体内容的组织和编写。

扫码了解探臻▲

本书将为读者搭建一个全面展示重点领域科技进展的平台，展示最新研究成果，预测未来趋势，以此激发读者的创新思维，激发读者对我国科技发展持续深入关注。

为了持续促进我国的科技创新，清华大学探臻科技评论社计划每年出版一本《下一代创新科技》，详细介绍当年新发布的榜单内容。

本书乃至未来出版的续辑将遵循下列组织和编写原则：

(1) 自2022年起，由清华大学每年发布"清华青年最关注的改变未来十大变革科技"榜单，入选的科技热点聚焦世界科技前沿、国家重大战略和推动时代进步并引领相关行业的科技变革；

(2) 由清华大学探臻科技评论社成立的编委会负责具体内容的编写工作，组织专家学者对榜单内容进行解读；

(3) 由清华大学出版社编辑出版成书，并以《下一代创新科技》为书名连续出版续辑。

清华大学探臻科技评论社

2023年10月

推荐序

在关注未来中创造未来

牛津版《技术史》（*A History of Technology*）的前5卷是在1954—1958年期间出版的，当时把技术史写作的终点设在1900年而不是1950年，究其原因，在该书的第6、7卷于1970年代末出版时，主编特雷弗·威廉斯（Trevor Williams）在前言中做了一个解释，"要对新近发生的事件作出评价，指出其中哪些具有历史意义，哪些不具有历史意义是极其困难的"，"假如我们在当时就试图把技术史写到1950年，那就不是写历史，而是在写时事了。而现在，到了20世纪70年代后期，我们至少具备了这样一个有利条件，即离我们将要对其进行评价的这个新时期（1900—1950年）的最后一年，也已经过去了1/4世纪"。这段话体现了编写者的严谨态度，也反映了认识技术创新的一个基本规律。事实上，对新技术的意义的评价是需要一定时间尺度来检验的，即时的评价往往是武断的，也就会是不准确的。

对新技术的评价不可即时化的另一层意义在于，对任何技术的新进展的未来可能性都不能低估，也就是说，任何在现在看起来不起眼的新技术，都可能成为引领未来的力量。从技术创新经验来看，技术突破是超越线性思维的，也常常是反权威的，因而新技术是对所有孜孜以求的探索者开放的，对"大人物"与"小人物"是一视同仁的。要想在技术创新领域掌握主动权，重要的是能够密切地、全面地关注各种技术的新进展，不能有因袭惯性的轻视，也不能有顾此失彼的遗漏。

技术创新领域与公共管理或政治决策领域有着很大不同，前者是求异的，后者是求同的。要在技术创新领域成为引领者，就要善于提出与已有技术思路不同甚至与技术权威人士不同的想法来，越是人迹罕至的领域，越是无人问津的想法，越可能成为原始创新的基点。本书中提到，1478年，列奥纳多·达·芬奇（Leonardo Da Vinci）就设计出了预编程发条马车的草图，如果研发成功，马车可按照预定路线行驶。这一设想是500多年前马车时代的自动驾驶图景，在当时一定是匪夷所思且被嗤之以鼻的"疯人疯语"，但在今天却成为城市智能交通的重要创新思想源。更令人感慨的是，这一设想只是这位人类伟大创新者的诸多技术创新设想之一而已。敏锐的好奇心、丰盈的探索性成就了伟大的创新力。

关注未来技术是为了创造未来技术。从人类技术创新史中的璀璨群星来看，求异是技术创新者的精神内核，求真是技术创新者的气质底色，在探求真理的进程中，以今日之新超越昨日之旧，以今日之我超越昨日之我，而青年人无疑是技术创新领域最主要的担纲者。

1914 年，一批中国青年人有感中国科学落后，创办了中国科学社，旨在"提倡科学，鼓吹实业，审定名词，传播知识"，赵元任作为该社创始人之一、第一届董事会秘书在日记中写道："晚上到任鸿隽宿舍进行热烈而严肃的讨论，准备成立科学社，出版月刊。"1915 年 1 月，《科学》月刊在上海出版。1915 年 9 月 10 日，著名发明家与技术创新者托马斯·爱迪生（Thomas Edison）写信给赵元任，祝贺《科学》出版，认为这本刊物的出版"印证了自己的观点，即世界正在看到中国的觉醒成为当代最伟大的事件之一。"赵元任也非常珍惜这份期刊，将第一至四卷装订成精装合订本，一生都把这个合订本带在身边。辗转百余年，历经万里行，这一代表了现代中国科学界觉醒的宝贵资料现保存于清华大学图书馆。当时的中国青年科学者们曾在《中国科学社社歌》的歌词中唱道："我们唱天行有常，我们唱致知穷理，不怕他真理无穷，进一寸有一寸的欢喜"。

距离中国科学社成立已经百余年，清华大学的青年学子们继续探索科学技术，组织探臻科技评论社，关注技术前沿，推动技术创新。此次结合 2022 年清华大学发布的"清华青年最关注的改变未来十大变革科技"榜单内容，由学生们撰写、编辑了这本新技术评介文集，体现了清华园内青年学子的技术观察力与技术判断力，也展现了在很多科技领域中的清华贡献。

在中国式现代化的伟大进程中，科技创新对经济发展与国家安全的意义日益重大且关键，要切实面向世界科技前沿，面向经济主战场，面向国家重大需求，面向人民生命健康，提升创新能力，特别是在人工智能、量子信息、集成电路、先进制造、生命健康、脑科学、生物育种、空天科技、深地深海等前沿领域着力布局，把握创新主动权与技术所有权。在这个过程中，清华责无旁贷，要成为基础研究的主力军与重大科技突破的生力军。

需要注意的是，进入 21 世纪，技术进步带来"人机物"三元融合，万物智能互联，相较以往的时代，技术化已经成为人类社会的最突出特征之一。如何引领人类技术进步不仅体现在技术的发明上，更体现在技术的应用上。技术是人类认识与改造世界的工具，技术创新能力是人类能力的重要体现，但技术能否更好地服务于人类，成为人类文明的有机组成，还要看技术创新与技术使用的动机，如果仅仅是为了少数人牟利的技术乃至为了制造彼此杀戮武器的技术，显然是反文明的。从推动人类文明进步的视角上看，伟大的技术创新引领者一定也是真正的人文主义者。

不怕真理无穷，但求欢喜寸寸。清华人在技术创新中就是要保持旺盛的热情，在科技自立自强中就是要站在最前沿。不痴迷，不成佛；无创新，不青春。以对真理的热爱进行创新，以对创新的引领服务国家，以对国家的建设贡献人类。本书的出版，对于普及科学技术是有益的，对于激发青年创新是有益的，对于传播清华文化是有益的。

祝贺《下一代创新科技》的出版，更期待创造未来的下一代创新青年的出现。

胡　钰

清华大学新闻与传播学院教授、党委书记、博士研究生导师

2023年10月5日于清华园

前　言

纵观人类历史进程，科学技术的发展推动着人类生产生活变革。第一次科技革命中，蒸汽机的发明和使用大大提升了人类生产效率，用机器代替了手工劳动。第二次科技革命中，电力的发现和普及促进了城市化和现代化的进程，为新技术的发展创造了前提条件。第三次科技革命中，信息技术、新能源技术、新材料技术、生物技术、空间技术和海洋技术等诸多领域的蓬勃发展，加强了产业结构非物质化和生产过程智能化的趋势，造就了现代化的世界新格局。在这个快速发展的时代背景下，科技日新月异，21世纪以来，战略性新兴产业发展壮大，载人航天、探月探火、深海深地探测、超级计算机等各个科技领域取得突破性进展，激发了人们对美好生活的无限想象和对下一代创新科技的不懈追求。关注下一代创新科技有助于激发读者更深一层的原始创新，也有助于激发读者的科技创新动力。科技创新已然成为推动社会进步的重要引擎，《下一代创新科技》聚焦关乎社会发展的下一代变革科技，致力于引导读者关注前沿技术奥秘，推动科技创新发展。

从探索星辰大海，到着眼微观世界；从推动能源变革，到创造智慧生活。时代的发展赋予青年创新使命，而青年也必将对时代之问作出回应。本书着眼于时代的痛点和挑战，寻找解决当今社会所面临重大问题的科学答案。无论是环境污染、资源短缺还是医疗难题，在人类破局的过程中，青年的创新思维、勇于冒险的精神和团队协作能力都将成为应对时代挑战的关键因素。本书聚焦时代发展的科技问题，系统解读了包含 AI 预测蛋白质结构、超分辨显微成像、光电子芯片、可解释人工智能、可控核聚变、可重复使用的航天运载器、量子计算、脑机接口、氢燃料电池、自动驾驶汽车等社会关注的前沿科技热点和下一代创新科技。在本书的编写过程中，编者深切意识到下一代创新科技的重要性。这些技术不仅能够改变人们的生活方式，还能够影响整个社会的发展方向。创新技术的应用将带来巨大的社会效益和经济效益，为国家和社会带来更多的机遇和福祉。因此，编者希望通过本书引领读者追逐科技前沿，使他们能够在下一代创新科技的浪潮中发挥出自己的才华和潜力。

这本书汇集了各个领域青年的创新思想和独到见解，希望通过本书的出版，激发更多年轻人的创新激情和创造力，启发读者在科研上有所收获，推动下一代创新科技的快速发展，为国家和社会带来更加美好的未来。让我们共同努力，开创创新科技的新时代！

目录 Contents

上篇　十大变革科技

第 1 章
03　解析生命本质，AI 预测蛋白质结构为药物研发提供新引擎

第 2 章
13　致广大而尽精微，超分辨显微成像带我们走进微观世界

第 3 章
23　开拓全新赛道，光电子芯片助力我国走出"无芯"困境

第 4 章
31　可重复使用航天运载器加快推动太空探索产业化

第 5 章
41　打破"计算黑箱"，可解释人工智能构建下一代人工智能通用范式

第 6 章
53　无限的燃料来源，可控核聚变将彻底解决能源问题

第 7 章
61　全新计算模式，量子计算成为新一代的颠覆性信息技术

第 8 章
71　连接有机生命与计算设备，脑机接口重建大脑损伤环路

第 9 章
79　双碳目标推动能源变革，氢燃料电池承载能源革命

第 10 章
87　智能辅助决策，自动驾驶汽车打造未来城市交通的新范式

下篇　未来领域科技展望

第 11 章
101　展望前沿：6G 技术将会如何改变我们的世界？

第 12 章
109　神经网络模型再审视：可视分析帮助用户更好地理解机器的决策过程

第 13 章
115　下一代颠覆性计算系统和硬件技术：多阵列忆阻器存算系统

第 14 章
121　液态金属：制造新型软体机器人新思路

第 15 章
127　揭秘分子世界的"建筑师"：手性合成技术的妙用与未来展望

第 16 章
133　自然语言处理领域小样本学习在智慧司法中的应用

第 17 章
143　固态电池迎风口，产业布局见端倪

第 18 章
151　从能源系统中薄膜电容器的视角来看碳排放与碳减排

第 19 章
159　依海而富，向海而兴——如何利用好巨大的海洋能源宝库

第 20 章
167　碳捕集利用与封存技术：起源、进展与贡献

第 1 章 解析生命本质，AI 预测蛋白质结构为药物研发提供新引擎　　03

第 2 章 致广大而尽精微，超分辨显微成像带我们走进微观世界　　13

第 3 章 开拓全新赛道，光电子芯片助力我国走出"无芯"困境　　23

第 4 章 可重复使用航天运载器加快推动太空探索产业化　　31

第 5 章 打破"计算黑箱"，可解释人工智能构建下一代人工智能通用范式　　41

第 6 章 无限的燃料来源，可控核聚变将彻底解决能源问题　　53

第 7 章 全新计算模式，量子计算成为新一代的颠覆性信息技术　　61

第 8 章 连接有机生命与计算设备，脑机接口重建大脑损伤环路　　71

第 9 章 双碳目标推动能源变革，氢燃料电池承载能源革命　　79

第 10 章 智能辅助决策，自动驾驶汽车打造未来城市交通的新范式　　87

下 一 代
创新科技

Next-Generation
Innovative Technologies

上 篇

十大变革科技
Top Ten Transformative Technologies

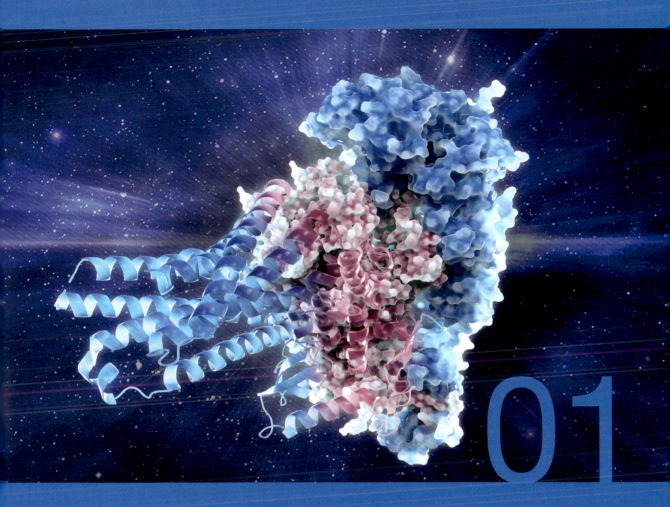

第 1 章

解析生命本质，AI 预测蛋白质结构为药物研发提供新引擎

细胞里的一切生命活动都离不开蛋白质，而由氨基酸组成的肽链折叠形成的复杂三维（3D）结构决定着蛋白质的生物功能。几十年来，通过实验获得蛋白质样品并进行结构解析一直是破译蛋白质结构与功能的主要手段。然而，由于研究时间长、价格高昂等因素，蛋白质结构解析逐渐成为人们深入了解生命的限速步骤。近年来，人工智能（AI）技术已逐步实现快速且较准确地预测蛋白质的三维结构，并用于辅助验证和理解实验数据，甚至有望在未来取代实验结构解析。AI 预测蛋白质结构技术的不断迭代升级将极大增进人们对生命活动分子本质的理解，并可基于此设计新功能蛋白，提高药物研发速度。

1.1 AI 预测蛋白质结构大事记

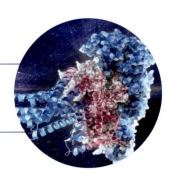

1964
Yanofsky 提出共进化信息

共进化信息理论最早源自 1964 年 Yanofsky 等人在分子层面的研究。他们在研究了某类蛋白突变体后，发现蛋白质序列上某些位点单独突变会造成整体功能丧失，而成对的位点突变则仍然保留原有功能。

1970
Fitch 提出共进化概念

共进化概念由 Fitch 等人在 1970 年正式提出，深刻阐明了氨基酸序列位点和空间区域的耦合性，即空间上相互作用的氨基酸在自然突变时为了保持原有功能往往会成对地突变。

1972
Christian Anfinsen 提出蛋白质结构猜想

蛋白质是一种由氨基酸序列所组成的生物大分子，并在自然界绝大多数生物过程中发挥了重要作用。1972 年诺贝尔化学奖获得者 Christian Boehmer Anfinsen 提出一个著名的假说：蛋白质三维结构由其氨基酸序列决定。该假说也正式标志着人们对蛋白质结构探索的开始。通过常规方法如冷冻电镜、X 射线（X-ray）、核磁共振波谱法（Nuclear Magnetic Resonance spectroscopy，NMRs）等方式解析蛋白质虽然较为精确，但是却耗费大量人力物力，并对蛋白质本身性质提出了一些要求。如何通过计算的方法输入一个氨基酸序列，就能输出对应的蛋白质三维结构成为了一个跨越 50 年的难题。

21 世纪前后
早期基于同源建模的蛋白质结构预测

早期受制于计算能力和对蛋白质生物化学机理的有限理解，人们主要通过同源建模的方法来预测某个未知蛋白质的三维结构。其基本假设是序列的同源性很大程度上能够决定三维结构的同源性，因此给定一个需要预测的序列，利用该序列去结构数据库中搜寻已有的结构，找到那些和待预测序列（Query Sequence）相似度很高的同源序列，将其结构称为模版，并通过分子动力学模拟对该模版结构进行修正。

2015
科学家开始尝试利用 AI 模型预测蛋白质结构

深度学习在蛋白质结构预测中掀起一番浪潮之前，很多科学家通过统计方法，如马尔可夫随机场、经典的神经网络来探求共进化信息背后的奥秘。到 2015 年，生物信息学家已经在共进化信息层面构建了坚实的基础，之后的大部分人工智能（Artificial Intelligence，AI）模型本质上都是基于共进化信息进行推理。

2017
计算机视觉中的 ResNet 架构融入蛋白质结构预测

2017 年，芝加哥大学丰田研究中心的许锦波教授研究团队，将计算机视觉里面的 ResNet 架构融入蛋白质结构预测中。将预测蛋白质、氨基酸相互作用看成一个视觉任务，将共进化信息与人共智能结合，吸引了大量人工智能科学家来到这个领域。

2018
DeepMind 团队设计出 AlphaFold 1

2018 年，DeepMind 团队采用了 ResNet 网络架构和共进化信息结合的方式，利用更强的计算资源和更好的工程能力设计出 AlphaFold 1，获得了 13th Critical Assessment of protein Structure Prediction 竞赛的冠军。

2019
David Baker 团队开发出 trRosetta 软件

在 13th Critical Assessment of protein Structure Prediction 之后，大量研究团队开始认可 AI 在蛋白质结构预测中的成功。华盛顿大学 David Baker 迅速开发出效率更高的 trRosetta 软件来代替 AlphaFold 1。这些算法的核心理念都是将蛋白质结构预测看作一个计算机视觉问题，将输入的多序列比对（multiple sequence alignment，MSA）信息通过一个深度残差神经网络预测接触矩阵（contact map）或距离矩阵（distance map），在得到该约束条件后再进行能量优化。

2020
DeepMind 从头开发全新的 AI 模型 AlphaFold 2

虽然 AlphaFold 1 已经在 CASP13 取得了巨大的成功，但仍然不能称为利用 AI 解决蛋白质结构预测这一难题。因此 DeepMind 人员决定参与 14th Critical Assessment of protein Structure Prediction 比赛，同时放弃之前所有的网络架构，从头开发了一款全新的 AI 模型。经过两年的打磨，AlphaFold 2 横空出世，首次实现在不需要任何能量最小化的前提下利用人工智能进行端到端的蛋白质结构预测，并在 2020 年的 CASP14 比赛中大幅度超越其他所有模型。AlphaFold 2 模型完全抛弃了基于视觉的卷积操作，在采用 Transformer 架构的同时也为深度学习提供了大量新的网络架构，比如点不动注意力机制（Invariant Point Attention，IPA），帧对齐的点误差损失（Frame Aligned Point Error Loss，FAPE Loss）和循环（recycle），大量的网络细节在充满工程味道的同时又蕴含着生物学考量。

DeepMind 开源用 AlphaFold 2 预测复合物

在 AlphaFold 2 诞生以前，人们没有更多的精力关注复合物的预测，已有的方法也往往基于经典的模版和能量函数等。在 AlphaFold 2 预测单体获得极大成功的前提下，人们开始将 AlphaFold 2 用于复合物的预测。DeepMind 也在 2020 年 10 月开源了用 AlphaFold 2 预测复合物的版本。

DeepMind 解决生物学 50 年以来的大挑战

AlphaFold 2 在 CASP14 取得了 92.4 的 GDT-score，且预测结构均方根差（root-mean-square deviation，RMSD）的中位数小于 1 埃格斯特朗，如此惊人的成果也让 DeepMind 宣布自己已经解决了蛋白质结构预测这一 50 年的生物学挑战（一般认为 GDT-score 高于 90 分，预测结构即可媲美实验精度）。在 2020 年 12 月 1 日，DeepMind 的 CEO Demis Hassabis 和 AlphaFold 团队领导人 John Jumper 对 AlphaFold 的架构想法作了展示，并承诺未来会将 AlphaFold 应用到更广阔的领域中。

2021
AlphaFold 2 开源、复现及优化

AlphaFold 2 在 2021 年 7 月开源代码后，引发了工业界和学术界对该模型架构的广泛关注。由于 AlphaFold 2 工程量极大且其架构本身由 jax 框架实现比较难以复现，因此在保证网络架构不变的前提下，各大公司和课题组优化了 AlphaFold 的运行流程，并获得更快的推理速度，如由上海交通大学提出的 ParaFold，我国深势科技的 UniFold 和哥伦比亚大学提出的 OpenFold。

AlphaFold 2 将寻找到的多序列比对和模版结构输入到基于 Transformer 架构训练得到的神经网络来预测蛋白质结构。在 CASP14 结果之后，David Baker 实验室团队立即按照 AlphaFold 2 的思路复现并优化模型，实现了更轻量版的蛋白质结构预测工具——RoseTTAFold。AlphaFold 和 RoseTTAFold 分别于 2021 年的 7 月 14 日和 15 日发表在《自然》（Nature）和《科学》（Science）杂志上，就此开启了 AI 预测蛋白质结构的黄金时代。

虽然 AlphaFold 2 取得了巨大的成功，但其输入端的同源序列查找模块仍然以传统的序列比对方式为基础，难以实现同源信息的有效建模。清华大学智能产业研究院（AIR）开发的 AIRFold，聚焦于共进化信息的挖掘和提取，通过自主研发的同源挖掘（homology Miner）模块，对蛋白质同源序列（Multiple Sequence Alignment，MSA）中的协同进化信息进行智能化、自动化提取、分析和处理，再结合 AlphaFold 2 的结构

预测模块，提升了蛋白质结构预测的性能。

蛋白质语言模型解决孤儿蛋白预测问题

虽然 AlphaFold 2 取得了巨大的成功，但是基于同源序列的网络架构有两个明显的缺点：①如果待预测序列是孤儿蛋白（没有大量的同源序列），则强如 AlphaFold 2 的算法也不会取得更好的结果；②查找蛋白质同源序列（MSA）本身是一个非常耗时的操作，在原始 AlphaFold 2 推理过程中占用了 90% 以上的时间。一些科学家试图通过蛋白质语言模型（Protein Language Model，PLM）来代理蛋白质同源序列（MSA）的查找过程。蛋白质语言模型的核心思想是将整个蛋白质序列看成一个句子，每一个氨基酸可以视为一个基本语义单位（Token），通过完形填空的方式掩盖住一些氨基酸编号并让神经网络根据前后的序列作出正确的推理。将蛋白质语言模型代替蛋白质同源序列（MSA）的查找过程，不仅可以解决孤儿蛋白的问题，也能极大地加速神经网络的推理过程。主流的模型例如 OmegaFold 和 ESMFold。

EquiFold 基于结构模型预测小蛋白和抗体结构

除了蛋白质语言模型，目前最新的一类方法是仅根据结构模型（structure module）对蛋白质进行预测，如 2022 年 10 月发布的 EquiFold 通过利用对蛋白质结构的粗颗粒化描述实现了对小蛋白和抗体结构的预测。

1.2 AlphaFold 续集：AI 预测生命终极奥秘

DeepMind 开发的 AlphaFold2 解析蛋白质结构，被国际顶尖杂志《自然》（Nature）评为入选 2022 年七大颠覆性技术。AlphaFold2 蛋白质结构数据库揭开了蛋白质宇宙，有人戏称结构生物学家失业了。其实不然，AI 预测蛋白质结构只是人工智能（AI）在生命科学领域发挥作用的起点，蛋白质结构是研究破解蛋白功能与生命活动法则的基础。到目前为止，已有千余篇论文引用了 AlphaFold 数据库。在未来，AlphaFold 将更多地与科学家合作，加速生命科学领域的发展，AI 预测蛋白质将不仅仅停留在结构层面，还会进一步产生更多颠覆性科学知识和贴近人们生活的科学技术，人们也逐渐走入 AI 探索生命终极奥秘的时代。

1.2.1 AlphaFold 预测出了 2 亿多蛋白质结构

蛋白质对生命至关重要，除了结构蛋白，

大多数酶——生命活动的承担者，本质也都是蛋白质，并在维持生物正常代谢中扮演着关键角色。蛋白质的基本单元是氨基酸，蛋白质的氨基酸序列和由此形成的立体结构构成了蛋白质结构的多样性，这些结构决定了蛋白质分子的功能。DeepMind 提出的 AlphaFold 2 模型在蛋白质三维结构预测中取得了突出成绩。迄今为止，AlphaFold 数据库已提供了 2 亿多的蛋白质预测结构，加速了科学研究。

AlphaFold 算法框架设计体现了生物知识数学化、结构化的思维，抽取了蛋白质的氨基酸序列信息、多序列比对特征等，用序列数、残基数与通道数等进行表征，进一步在深度神经网络中通过合适的 AI 算法，如注意力（Attention）机制，对蛋白质结构性质学习，最终实现通过序列精准预测蛋白质三维结构的目标。

1.2.2 AI 预测蛋白质结构的下一步——深入底层机理的融合与功能预测

尽管 AlphaFold 的成功带来了巨大的轰动，帮助了不少科学家的科研工作，但对其评价莫衷一是，仍有不少人对其准确性提出了质疑，认为模型仍存在较多局限，如无法预测新突变对蛋白的影响、难以预测大的复合物、对柔性区域的预测性能差、泛化性能有待提升等。此外，我们在所得蛋白质结构宇宙的基础上，能做些什么、解决什么样的问题，更受人们关注。

蛋白质 – 蛋白质、蛋白质 – 小分子相互作用预测

AlphaFold 预测的是孤立的蛋白结构，但实际上，蛋白质行使功能需要通过与其他分子相互作用实现，常见相互作用包括蛋白质与蛋白质、蛋白质与多肽、蛋白质与其他相分子等，目前关注较多的应用领域是以新药研发、靶点发现为代表的制药行业。亲和力的预测是了解关键蛋白质与候选药物作用机理的第一步，是生物医药领域的关注热点，但长期缺乏有效的预测模型，需要生物领域知识与 AI 模型有机结合。以蛋白质与多肽相互作用为例，除了基于序列的特征提取外，多肽、功能蛋白质的先验知识也起到了重要作用，如非标准残基在多肽药物修饰中起到关键作用，常用的糖基化、脂肪酸修饰是多肽药物结构修饰的重要手段，将这类先验知识表征到 AI 模型中，或将提高 AI 预测蛋白质 – 多肽的相互作用能力。

蛋白质复合体结构预测

许多蛋白质是多聚体复合体，甚至具有多种构象，这对它们具备不同的功能至关重要。此外，很多蛋白质需要基于相互作用与脱氧核糖核酸（DNA）、核糖核酸（RNA）、脂肪分子和矿物质等配体结合在一起行使功能。这些复合体的形成基于蛋白质的相互作用，因而长期受限于蛋白质结构的不确定性。AlphaFold 虽然成功实现基于序列预测蛋白质结构，但仅能用来预测单体，对于多聚体、复合体则效果不佳。对于生物技术、药物输送、成像、治疗剂等，确定这些复合体的三维结构是进一步研究的基础。继 AlphaFold2，DeepMind 团队又推出了 AlphaFold-Multimer 用于蛋白质复合物特别是结合界面结构预测，可以预测多达几千个残基的复合物。但 AlphaFold-Multimer 受图形处理器（GPU）现存限制较大，且对多于两条链的蛋白质的预测性能迅速下降，难以对抗原-抗体复合物结构进行准确预测。也有许多科学家站在这类 AI 预测蛋白质结构框架的基础上[4]，融入新的生物先验知识，包括蛋白质的全局刚性与局部柔性[5]、蛋白质共进化过程中的关键序列信息等[6]。合适的 AI 算法架构也有利于优化模型表现，如注意力机制、蒙特卡洛树搜索等[7]。

蛋白质突变与自适应性预测——蛋白质与分子的 de novo 设计

蛋白质突变往往难以被 AlphaFold 捕捉，然而在实际中，某些关键位置的突变是蛋白质功能的决定性因素。这类问题可归结于蛋白质的自适应性或适应度地形（fitness landscape），即蛋白质突变和其进化适应性的关系，这对预测蛋白质的进化方向具有重要意义。其核心问题可拆解为两方面：一是基于蛋白质序列的大规模训练或嵌入模型，二是蛋白质关键序列的功能迁移。前者对数据量、模型设计、计算资源具有较高要求，后者则需要精准的先验知识融入，包括蛋白质的功能约束与功能进化，即如何维持原有关键功能的约束，保证酶的基础结构不发生改变，又能兼顾目的功能的理性设计，以实现获取特定功能的定向进化[8]。实现蛋白质突变与自适应性预测，是突破蛋白质从头设计的重要一步。

功能——酶活预测

酶是生命活动的执行者，生物技术与生物生产经济的"芯片"，驱动着生物代谢，是生命活动的基石。尽管酶在有机合成和生物合成等领域已取得巨大成功，但自然界高活性的酶仍然较少，酶在工业中的应用长期受低立体选择性与区域选择性、产物抑制、较差的稳定性等限制[9]。在热力学和动力学方面，已有研究初步展示了 AI 预测酶-底物亲和力 K_m[10]、酶催化速率常数 k_{cat}[11] 的优良效果。此外，结合机器学习与非相互作用模型可实现对家族范围酶底物特异性筛选，实现非天然底物酶催化反应设计与预测[12]。AlphaFold 解析蛋白质结构宇宙后，科学家们可以更好地整合蛋白质相互作用、蛋白质多级结构、复合体结构等信息，并结合深度学习、图像识别和自然语言处理等 AI 技术，实现深度表征生物特征，从而进一步提高 AI 预测酶活性的准确度。

1.2.3 从科学研究到生活生产

从新药研发角度来讲，全球药物市场大约 1.2 万亿元，包括生物学药物、多肽药物和小分子药物。但药物从实验室研发、测试、临床等各环节，到最终上市，需要解决大量难题。因此，周期长是新药研发的一大痛点。AI 加速新药研发受到了广泛关注，并在市场上初步展现了其潜力，如英砂智能、分子之心等新兴公司。这类公司借助人工智能极大缩短了药物的研发周期，并达到了降本增效、提高新药研发的成功率的效果。目前，越来越多的公司将深度学习模型应用于提升药物的靶点亲和力、发现高质量的活性分子、单克隆抗体与小分子药物预测、多肽新药开发等方面。

在疾病治疗方面，蛋白质是生命活动的

承担者，对蛋白质序列、结构与功能之间关系的研究是揭示包括癌症、阿尔茨海默病、帕金森综合征等疾病的发病机制的基础。解析蛋白质之间、蛋白质与小分子的相互作用及形成的复合体结构，加速了我们准确识别复杂疾病的关键因素，如复合体相分离预测应用于阿尔茨海默病 Tau 蛋白异常相分离机制与干预策略[13]，肿瘤表面新抗原的测序发现、抗体试剂设计、发现新的抗体、疫苗的研发等，助力个性化免疫治疗，这类针对新抗原的个性化疗法的出现，将在未来几十年彻底改变癌症患者的治疗[14]。

除了在医疗大健康领域，基于 AI 预测蛋白的应用也为解决全球环境问题提供了新契机。科学家们借助深度学习从头设计出全新的蛋白，打造信息技术＋生物技术（IT+BT）范式，实现环境污染物降解与资源化、绿色生物制造，如英国朴次茅斯大学的结构生物学教授兼酶创新中心主任 John McGeehan 基于 AlphaFold 解析了降解和回收塑料的功能性酶的关键信息。在市场上具有代表性的企业是寻竹生物科技、蓝晶微生物等新兴企业。

外星探测成为现代国际大国竞争的关注重点领域之一，这也促使科学家展开了移居火星前的战略性科技研究，如可在极端环境下进行光合作用的合成生命体以解决物质和能量问题。科学家们提出设想，借助智能合成生物设施，使其在无人监督的情况下自主提出实验蛋白质设计方案，并由机器人进行测试后通过算法反馈结果而设计新的实验，以实现自动化高效进化的蛋白质设计流程，甚至在无人的外星环境进行测试。

1.2.4 总结与展望

在人工智能预测蛋白质结构之前，人们不断尝试对蛋白质进行设计，但设计出来的蛋白质很少有能正常折叠出所需形状结构的，这也使得这些蛋白无法达到目标功能。AlphaFold 颠覆了人们研究蛋白质的方法，蛋白质结构信息为蛋白质相互作用、蛋白质功能、酶催化、蛋白质定向进化等各方面预测提供了重要信息。以深度学习为代表的人工智能技术成为了蛋白质设计的规则改变者，目前已有很多这类人工智能蛋白质设计工具与平台[15]。但这仅仅是 AI 预测蛋白质或者 AI 探索生命科学奥秘的开端，在探秘路上，仍然充满挑战，包括专业领域知识的融合、算力挑战、数据、可解释 AI 与因果推断、基于仿生的智能驱动智能等。

具体来说，目前生命科学领域大多只是将 AI 模型硬搬过来并进行尝试，但缺乏针对生物机理、针对蛋白质或分子设计等做出相适应的网络结构，如何从生物领域中提取知识，并表达为包含着生物学机理且能被算法有效识别的结构化数据，是 AI 与生命科学结合的一大瓶颈。测序技术的日新月异的发展带来了海量的数据，这也给计算机算力带来了前所未有的挑战。目前流行的大规模训练、大模型等，都是建立在大算力的基础上，这无疑带来了高成本、仅少数人可实现的问题，从而限制了技术的进一步发展。同时，大数据时代也并非数据越大越好。数据质量在生命科学领域尤为重要。如何克服充满噪声、以无标签数据为主的生物学数据，仍然是未来需要重点解决的问题。此外，AI 技术的一大问题——可解释性，在生命科学领域更是突出，不同算法、模型架构为什么起作用或不起作用，背后是否存在底层机理性原因，都是将 AI 大规模应用于生物技术和人们的生产生活之前需要解决的问题。将 AI 黑箱变为灰箱乃至白箱、实现可解释 AI 等，也是计算机科学未来的研究重点之一。在 AI 领域能看到许多仿生的创新，包括遗传算法、神经网络、长短记忆网络、注意力机制等，但这类仿生创新仍然停留在生物宏观层面。AI 与生命科学的不断融合，能否实现 AI 与生命科学双向反馈、用智能驱动智能等新型创新模式，并加速下一个颠覆性技术的诞生？

参考文献

[1] DeepMind. Alphafold protein structure database [DB/OL]. EMBL-EBI. [2022-03-18]. https://alphafold.ebi.ac.uk.

[2] Jumper J, Evans R, Pritzel A, et al. Highly accurate protein structure prediction with AlphaFold [J]. ***Nature***, 2021, **596**: 583-589.

[3] LEI Yipin, LI Shuya, LIU Ziyi, et al. A deep-learning framework for multi-level peptide–protein interaction prediction [J]. ***Nat Commun***, 2021, **12**(1): 5465-5466.

[4] Tsaban T, Varga J K, Avraham O, et al. Harnessing protein folding neural networks for peptide–protein docking [J]. ***Nat Commun***,2022,**13**(1)：176-177.

[5] XU Xianjin, ZOU Xiaoqin. Predicting protein–peptide complex structures by accounting for peptide flexibility and the physicochemical environment [J]. ***J Chem Info Model***, 2022, **62**: 27-39.

[6] Humphreys R I, PEI Jimin, Baek M, et al. Computed structures of core eukaryotic protein complexes [J]. ***Science***, 2021, **374**: eabm4805.

[7] Bryant P, Pozzati G, ZHU Wensi, et al. Predicting the structure of large protein complexes using AlphaFold and Monte Carlo tree search [J]. ***Nat Commun***, 2022, **13**: 6028-6029.

[8] Gupta A, James Zou. Feedback GAN for DNA optimizes protein functions [J]. ***Nat Mach Intel***, 2019(1): 105-111.

[9] García-Urdiales E, Alfonso I, Gotor V. Enantioselective enzymatic desymmetrizations in organic synthesis [J]. ***Chem Rev***, 2005, **105**: 313-354.

[10] Kroll A, Eng qv is t M K M, Heckmann D, et al. Deep learning allows genome-scale prediction of Michaelis constants from structural features [J]. ***PLOS Biology***, 2021, **19**: e3001402.

[11] LI Feiran, LE Yuan, LU Hongzhong, et al. Deep learning-based kcat prediction enables improved enzyme-constrained model reconstruction [J]. ***Nat Catal***, 2022(5): 662-672.

[12] Goldman S, Das R, Yang K K, et al. Machine learning modeling of family wide enzymc-substrate specificity screens [J]. ***PLOS Comput Biolo***, 2022(18): e1009853.

[13] Tracy E T, Madero-Pérez J, Swaney L D, et al. Tau interactome maps synaptic and mitochondrial processes associated with neurodegeneration [J]. ***Cell***, 2022, **185**: 712-728.

[14] Wirth T C, Kühnel F. Neoantigen targeting: Dawn of a new er a in cancer immunotherapy? [J]. ***Front. Immunol***, 2017, **8**: 1848-1849.

[15] Ferruz N, Heinzinger M, Akdel M, et al. From sequence to function through structure: deep learning for protein design [J]. ***bioRxiv***, 2022, **21**: 238-250.

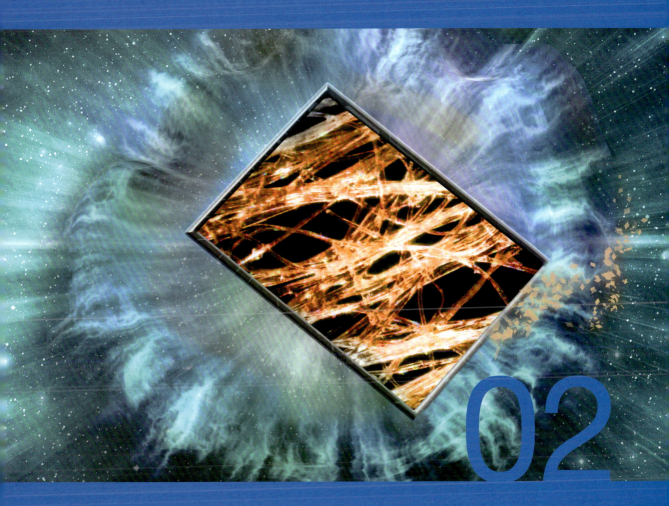

第 2 章

致广大而尽精微，
超分辨显微成像带我们走进微观世界

从对洋葱表皮细胞的观察，到线粒体、叶绿体的探究，高成像分辨率和高成像质量的显微镜让我们对微观世界有了更多认识。随着对生命科学问题的深入研究与对检测手段需求的提高，超分辨光学显微技术逐渐兴起。它具有非侵入、低损伤、高分辨率等优点，可以实现对样本形态和动态的纳米级分辨率，二维、三维非破坏性成像，获得了更高的成像质量。"致广大而尽精微"，超分辨率光学显微成像将带我们走进一个更广阔的微观世界。

2.1 超分辨率显微成像大事记

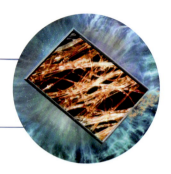

16 世纪 90 年代
发明光学显微镜

荷兰眼镜商 Hans Janssen 和 Zacharias Janssen 发明了光学显微镜的前身，他们把两个凸镜放在一个筒中，发现物体可以被放大 3～9 倍。1667 年，英国自然科学家 Robert Hooke 自制显微镜，观察细小物体并发表《显微图谱》(*Micrographia*) 一书，首次提出"细胞（Cell）"的概念。在《显微图谱》的启发下，荷兰科学家 Anthony Von Leeuwenhoek 设计并发展了单式显微镜，是最早记录观察肌纤维、细菌、精虫、微血管中血流的科学家。

1835
提出"艾里斑"的概念

在经典物理学中，将一个障碍物置放在光源和观察屏之间，则会在观察屏上出现光亮区域与阴暗区域，这种现象被称为光的衍射。英国天文学家 George Biddell Airy 发现，当点光源通过衍射受限成像时，由于衍射会在焦点处形成光斑。因为 Airy 在论文中第一次给出了这个现象的理论解释，因此被命名为"艾里斑"（Airy Disc）。"艾里斑"的提出为以后光学显微镜衍射极限的研究奠定了基础。

1873
提出显微镜分辨极限

德国物理学家恩斯特·阿贝（Ernst Karl Abbe）在 1873 年指出：光学显微镜分辨率的极限，大约是可见光波长的一半。这就是著名的阿贝极限，如在可见光中波长最短的紫光的波长大约是 400nm，阿贝极限也就是大约 200nm。也就是说，如果两个点的距离达到 200nm，用光学显微镜就分辨不出了，这就是光学显微镜的分辨极限。阿贝极限使我们无法更加深入地了解微观世界，例如病毒的直径通常就在 0.02～0.3μm，无法用已有的光学显微镜观察清楚。光学极限的提出在客观上促进了高分辨率显微技术的发展。

1908
试制成功第一台荧光显微镜

19 世纪中叶，英国科学家 G. G. Stokes 在研究奎宁和叶绿素的荧光时，发现荧光的波长大于激发光的波长。以此现象为基础，1908 年，德国科学家 August Köhler 与 Henry Siedentopf 试制成功第一台荧光显微镜，用喹啉作染料处理纤毛虫以增加其荧光，开辟了荧光染色的道路。由此开辟了荧光显微技术的广阔道路，为组织学、细胞学和微生物学等领域中的荧光染色方法奠定了基础。

1932
相衬显微镜的发明

荷兰物理学家 Frits Zernike 发明了相衬显微镜：根据空间滤波的原理改变光波的频谱相位，成功将相位差转换成振幅差，从而极大地提高了透明物体在光学显微镜下的可分辨性。相衬显微镜观察样品时不需要进行染色，在观察细胞的时候也就不会对细胞标本产生伤害，因此这种显微镜可以用来研究细胞周期。相衬法的发明具有划时代的意义，Zernike 因此获得 1953 年的诺贝尔物理学奖。

1960
第一台激光器的诞生

美国工程师 Theodore Maiman 在自己研制的红宝石激光器上成功获得了波长约为 694 纳米的激光。激光的亮度可比普通光源高 20 个量级，不只包括可见光，还包括红外及紫外直至 X 射线波段 c 内的一系列相干辐射光源，为之后的显微技术发展奠定了基础。

1962
绿色荧光蛋白的发现

日本科学家下村修等人率先从 *Aequorea victoria* 水母中发现了一种奇特荧光蛋白，这种蛋白可在光激发（蓝光到紫外光范围）后发出绿色荧光，且其光毒性比传统的荧光分子弱得多，非常适合用于对活细胞进行标记。之后，他们完成了对这种蛋白的纯化，并将其命名为绿色荧光蛋白（Green Fluorescent Protein，GFP）。在之后的数十年内，基于绿色荧光蛋白的光学成像技术作为超高分辨显微技术的一项重要分支，使得使用光学成像技术观察从微观到宏观各个层次的生命现象成为了可能。

1978
共聚焦激光扫描显微镜的诞生

德国的 Thomas 和 Christoph Cremer 兄弟首次提出了共聚焦激光扫描显微镜（Confocal Laser Scanning Microscope，CLSM）的设计方案：在荧光显微镜成像的基础上加装激光扫描装置，用激光聚焦逐点扫描方式结合荧光标记生物样品的三维探测方法，通过计算机处理手段重构生成三维图像。尽管从原理上讲，CLSM 并未真正突破"阿贝极限"，但其所得的物像分辨率相较于传统的光学成像有着极大幅度的提高。

1994
受激发射损耗技术的诞生

德国科学家 Stefan Hell 等创造性地利用受激辐射来抑制自发荧光辐射：在成像前，先利用激发光使艾里斑范围内的荧光分子被激发，其电子从基态跃迁到激发态，随后，使用与激发光共轴的中心光强为 0 的环状损耗光照射样品，此时，处于激发光斑外围的激发态分子将以受激辐射的方式释放能量，进而回到基态，通过激发光 – 损耗光限域组合的照明方式，将荧光发射区域限制在一个远小于艾里斑的区域内，从而获得一系列突破了衍射极限的荧光发光点。之后，通过扫描共轴的激发光与损耗光，获得一幅超分辨图像。这种技术被称为受激发射损耗（Stimulated Emission Depletion，STED）技术，是第一种真正意义上突破了"阿贝极限"的超高分辨显微技术。

2006
光激活定位显微技术与随机光学重建技术的诞生

美国科学家 Eric Betzig 等首次在期刊 *Science* 上提出了光激活定位显微（Photoactivated Localization Microscopy，PALM）技术的概念。其基本原理是用绿色荧光蛋白来标记蛋白质，先使用低能量激光照射细胞表面，一次仅激活少数几个荧光分子，之后用另一波长的激光照射，通过特定的算法拟合精确定位这些荧光单分子。待精确定位以上分子的位置后，再长时间使用激光照射来漂白这些已定位的荧光分子，使其不能够被下一轮的激光再激活出来；在重复以上过程上百次后，他们终于将细胞内所有荧光分子精确定位，将精确定位的分子的图像合成到一张图上，便得到了一张比传统光学显微镜分辨率高数倍以上的超分辨率显微图像。

在 PALM 技术问世的 2006 年，另一种超分辨率显微成像——随机光学重建显微技术（Stochastic Optical Reconstruction Microscopy，STORM）技术由哈佛大学庄小威团队开发并成功问世。相较于 PALM 技术所使用的荧光蛋白点光源，STORM 技术所使用的是有机荧光分子染料，利用荧光染料来标记抗体，对靶蛋白进行识别，这样便可以实现内源性蛋白的检测，并避免外源性表达的偶联荧光蛋白对特定蛋白定位产生的影响。当使用很弱的光来激发荧光分子时，细胞内仅会有很少一部分的荧光分子受激发光，当这样的点光源在物镜下稀疏分布时，可认为光源之间没有发生重叠，即可将每个点光源近似为一个荧光分子。在一次激发中，可以确定一部分光晕的中心，在下一次激发中，可以确定另外一部分光晕的中心，把这许多次激发的结果叠加，就是完整而清晰的图像。相较于光激活定位显微技术（PALM），由于省去了光漂白步骤，STORM 技术在快速数据采集上更有优势。

2014
超高分辨率荧光显微镜获 2014 年诺贝尔化学奖

2014 年度诺贝尔化学奖授予了美国科学家 Eric Betzig、William E. Moerner 和德国科学家 Stefan W. Hell，以表彰他们开发出超高分辨率荧光显微镜，让人类能以精确视角窥探到小于衍射极限的纳米级微观世界光学图像。

2017
MINFLUX 超分辨率荧光显微镜

Stefan Hell 团队报道了结合了 STED 技术、PLAM 技术和 STORM 技术优势的荧光分子定位（Minimal Fluorescence Flux，MINFLUX）超分辨率荧光显微镜（也称为"纳米显微镜"）。研究团队的实验实现了 6 纳米的分辨率，甚至可以清晰地观察病毒感染细胞的整个过程。

2021
数字自适应光学扫描光场相互迭代层析成像（DAOSLIMIT）

2021 年 5 月 25 日，清华大学戴琼海、俞立及范静涛等共同通讯作者在《细胞》（*Cell*）在线发表题为《数字自适应光学的迭代层析成像允许在毫秒级时间尺度下进行长达一小时的体内三维亚细胞动态观察》（*Iterative Tomography with Digital Adaptive Optics Permits Hour-long Intravital Observation of 3D Subcellular Dynamics at Millisecond Scale*）的研究论文，该研究提出了一种计算成像框架，称为"数字自适应光学扫描光场相互迭代层析成像"（Digital Adaptive Optics Scanning Lightfield Mutual Iterative Tomography，DAOSLIMIT）。它具有高速、高分辨率三维成像、半铺波前校正和紧凑型系统等特征。该研究探索了中性粒细胞迁移和肿瘤细胞循环过程中不同物种的大规模细胞迁移和神经活动，并观察了哺乳动物的各种亚细胞的活动。

2.2 微观生物世界的大门：超分辨显微成像技术

随着生命科学的发展，对于微观世界的表征越来越重要，但是大部分的微观表征技术需要破坏细胞结构，无法完成原位直接观测。同时，传统的显微成像技术受制于衍射极限的问题，光学分辨率一直被限制在 200～300nm，因此我们迫切需要研发一种高分辨的显微成像技术。目前较成熟的超分辨显微成像技术有基于单分子成像的超分辨率显微成像方法，包括光激活定位显微技术（PALM）和随机光学重构显微技术（STORM）；以及通过改造光源的点扩散函数来提高成像分辨率受激发射损耗（STED）显微技术。总体而言，超分辨显微成像成功突破了人类观察微观生物世界的光学衍射极限，为人们探索微观生命世界提供了新的帮助。

2.2.1 为什么要研究超分辨显微成像技术

随着生命科学的发展，转录组学、基因组

学、蛋白质组学等先进的组学手段使我们对于细胞的组成、代谢等生命活动有了更深刻的认识。但是细胞中的蛋白质与核酸不是随机分布的，它们很少孤立地在细胞内发挥其生理作用，而必须在合适的位置与合适的生物分子结合在一起形成复合物才能完全地发挥作用。在这个过程中，存在着无数的分子间或分子内的相互作用，以完成对于生物体的精确调控。在组学分析过程中，胞内物质被打乱成碎片从而完成测序与分析，这无法精确地刻画蛋白质和核酸的动态时空互作。因此，我们需要高精度的直观成像技术。

长期以来，显微镜尤其是光学显微镜一直被认为是生物研究中不可或缺的工具。自1665年Robert Hooke用显微镜发现了细胞以来，从进化论的诞生到研究细胞的分子结构，显微成像技术支撑了生物学中许多关键性的突破。然而由于衍射效应，光学显微镜的空间分辨率一直限制在200～300纳米。但是在生物研究中，两个神经元的突触间隙是20纳米，形成染色质重复单元的核小体只有10纳米。因此，迫切需要更高分辨率的显微技术。

2.2.2　目前正在发展的超分辨显微成像技术

近年来，随着新型探针分子的合成以及先进成像理论的出现，研究者开发出多种超出传统共聚焦显微镜分辨率极限的成像方法，我们称之"超分辨率显微成像技术"（Super-revolution Microscopy Imagination）。较成熟的有基于单分子成像的超分辨率显微成像方法，包括PALM技术和STORM技术，以及通过改造光源的点扩散函数来提高成像分辨率STED显微技术。

光激活定位显微技术

当显微镜的物镜视野中存在2个及以上需要分辨的点光源时，分辨率会受到光学分辨率极限的限制，难以实现对不同光源的精确定位。当物镜视野中仅有单个荧光分子形成的点光源时，通过特定的算法拟合，该荧光分子位置的精度可以突破光学分辨率的极限。

然而，上述方法所提高的仅是单分子的定位精度，在面对提升多个点光源的分辨率这一重大问题面前显得无能为力。2005年，德国科学家Betzig等发现了光激活荧光蛋白（Photoactivatable Green Fluorescent Protein），为提升多个点光源的分辨率这一难题带来了新的思路：PA-GFP是一种来自 *Aequorea victoria* 水母的绿色荧光蛋白突变体，在稳定状态时，普通绿色荧光蛋白（GFP）仅在395纳米和475纳米处分别有一大一小两个吸收峰，在504纳米处并无明显吸收；然而，突变为PA-GFP的绿色荧光蛋白在504纳米处的最大光吸收约为GFP的100倍，在488纳米激发下发射荧光的强度比GFP增加了大约3倍；结合PA-GFP这种特殊发光特性和单分子荧光成像高定位精度的特点，人们终于找到了解决光学显微镜分辨率极限这一重大科学问题的突破口。随后，在2006年，Betzig等人首次在《科学》（Science）期刊上提出了PALM技术的概念。其基本原理是用光激活荧光蛋白（PA-GFP）来标记蛋白质，使用波长为405纳米的低能量激光照射细胞表面，一次仅激活少数几个荧光分子，之后用488纳米激光照射，通过特定的算法拟合来精确定位这些荧光单分子。待精确定位以上分子的位置后，再长时间使用488纳米激光照射来漂白这些已定位的荧光分子，使其不能够被下一轮的激光再激活出来；在重复以上过程上百次后，他们终于将细胞内所有荧光分子精确定位，将精确定位的分子的图像合成到一张图上，便得到了一张比传统光学显微镜分辨率高数倍以上的超分辨率显微图像。

光激活定位显微技术（PALM）的发明是超分辨率显微成像方法的重大里程碑，然而，PALM只能用来观察外源表达的蛋白质，对于细胞内源蛋白质的定位无能为力，其原理如图2-1所示。

随机光学重构显微技术

无独有偶，在PALM技术问世的2006年，另一种超分辨率显微成像技术——光学重STORM技术也由庄小威团队开发并成功问世。相较于PALM技术所使用的荧光蛋白点光源，STORM技术所使用的是有机荧光分子染料，利用荧光染料来标记抗体，对靶蛋白进行识别，这样便可以实现内源性蛋白的检测，并避免外源性表达的偶联荧光蛋白对特定蛋白定位产生的影响。当使用很弱的光来激发荧光分子时，细胞内仅会有很少一部分的荧光分子受激发光，当这样的点光源在物镜下稀疏分布时，可认为光源之间没有发生重叠，即可将每个点光源近似为一个荧光分子。在单次激发中，可以确定一部分光晕的中心；在下一次激发中，可以确定另外一部分光晕的中心，把这许多次激发的结果叠加，就是完整而清晰的图像。如图2-2所示。

相较于PALM技术，由于消除了光漂白步骤，STORM技术可以更快地采集数据。然而，STORM技术的实现依赖于高效的荧光染料：不仅要求染料产生的光信号足够强，且还要具有良好的闪烁密度。闪烁太快或太慢都会造成成像质量的下降。因此，当前STORM技术的技术革新主要集中在开发新型的荧光染料上。初代STORM技术使用的染料是花青素荧光染料，如cy3、cy5等，目前，STORM技术中使用的多是罗丹明衍生物远红外染料，如Alexa fluor 647、CF583R、CF597等。

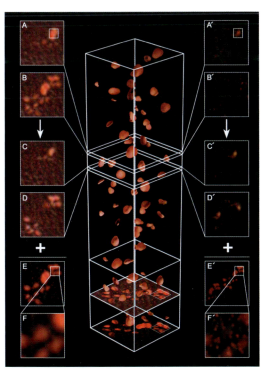

图2-1 PALM法成像原理示意图[3]

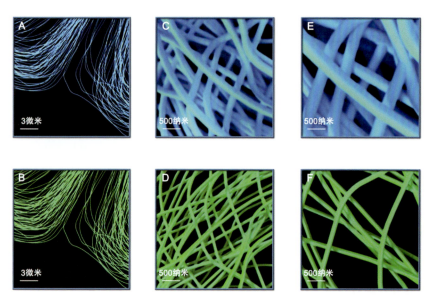

图 2-2 STORM 成像与传统光学成像的分辨率差距示意图

受激发射损耗显微技术

受激发射损耗（STED）提升分辨率的原理与 PALM 技术和 STORM 技术截然不同，在介绍 STED 的成像原理之前，我们有必要回顾一些光学显微镜的成像理论：

由于衍射极限的存在，显微成像系统的照明光只能在样品上形成有限小的圆形光斑，即前文提到的艾里斑（Airy Disk），光学显微镜的分辨率决定于光学系统中艾里斑的尺寸。此外，当一个艾里斑的边缘与另一个艾里斑的中心正好重合时，此时对应的两个物点刚好能被人眼或光学仪器所分辨。

减小艾里斑的尺寸是提高显微镜分辨率的一条重要策略，德国科学家 Stefan Hell 等在 1994 年创造性地利用受激辐射来抑制自发荧光辐射：在成像前，先利用激发光使艾里斑范围内的荧光分子被激发，其电子从基态跃迁到激发态，随后，使用与激发光共轴的、中心光强为 0 的环状损耗光照射样品，此时，处于激发光斑外围的激发态分子将以受激辐射的方式释放能量，进而回到基态，只有处于纳米级环形淬灭激光中心处的荧光分子才能正常发光，通过扫描的办法就可以得到超越衍射极限的光学成像。继续以自发荧光的方式回到基态。通过激发光 - 损耗光限域组合的照明方式，将荧光发射区域限制在一个远小于艾里斑的区域内，从而获得一系列突破了衍射极限的荧光发光点。之后，通过扫描共轴的激发光与损耗光，获得一幅超分辨图像，如图 2-3 所示。

相较于 PALM 技术和 STORM 技术，STED 技术的技术关键主要集中在实现高效荧光控制而非开发新型荧光物种上。尽管 STED 技术为实现荧光控制，需要损耗较高的光强度，但免除了后续的拟合处理。

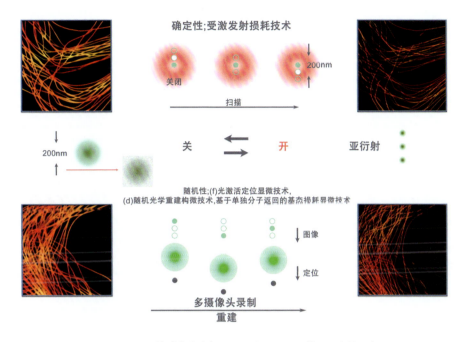

图 2-3　STED 的成像方法与 PALM 和 STORM 的不同之处示意图

2.2.3　总结与展望

超分辨显微成像成功"越过"了人类观察微观生物世界的光学衍射极限，凭借其超高的空间分辨率和时间分辨率，将分子层面的生命体的运动呈现在科学家面前，而不会造成对生命体的伤害，实现超高分辨的动态成像。这一技术在探究细胞结构的空间分布和分子相互作用、生物分子复合体计量学、细胞结构动态学等方面有着重要的应用，还可以用于研究神经细胞、蛋白复合体等特定分子的组装，这将为生物学研究带来重大突破。然而，挑战仍然存在。尽管理论空间分辨率并无限制，但是在实际的生物体成像过程中，受诸多因素的影响，空间分辨率通常在 10~70nm，依然无法实现真正的分子级观测（1 纳米）。而超高的时间分辨率和空间分辨率往往是难以兼得的，目前的时间分辨率仅可以在某些情况下达到毫秒量级，在用于观察更快的变化过程时会受到限制。而且，由于光毒性，生物样品不能被长时间照射，进一步限制了动态观察的窗口。因此，能够深入观测细胞内部分子结构的活体超高分辨显微成像技术将成为下一步的研究热点。如果能够进一步提高时空分辨率，同时实现多分子样品的同时观测与成像，将为人们从分子层面理解生命带来新的机遇。

参考文献

[1] Wikipedia. Antonie van Leeuwenhoek [EB/OL]. [2022-05-24]. https://wikipediaglobal.org/wiki/ntonie_van_Leeuwenhoek.

[2] Valli J, Garcia-Burgos A, Rooney L M, et al. Seeing beyond the limit: A guide to choosing the right super-resolution microscopy technique [J]. *J Biolo Chem*, 2021, **297**(1): 100791.

[3] Betzig E, Patterson G H, Sougrat R, et al. Imaging intracellular fluorescent proteins at nanometer resolution [J]. *Science*, 2006, **313**(5793): 1642-1645.

[4] Bates M, Huang B, Dempsey G T, et al. Multicolor super-resolution imaging with photo-switchable fluorescent probes [J]. *Science*, 2007, **317**(5845): 1749-1753.

[5] Rust M J, Bates M, ZHUANG Xiaowei. Sub-diffraction-limit imaging by stochastic optical reconstruction microscopy (STORM) [J]. *Nature Methods*, 2006, **3**(10): 793-795.

[6] Hell S W, Wichmann J. Breaking the diffraction resolution limit by stimulated-emission-stimulated-emission-depletion fluorescence micros-copy [J]. *Opt Lett*, 1994, **19**(11): 780-782.

[7] Eggeling C, Willig K I, Barrantes S F J. STED microscopy of living cells-new frontiers in membrane and neurobiology [J]. *J Neurochem*, 2013, **126**(2): 203-12.

[8] BioArt. 专家解读：庄小威组在Science总结超分辨显微成像技术 [EB/OL]. [2022-05-24]. https://ibook.antpedia.com/x/469350.html.

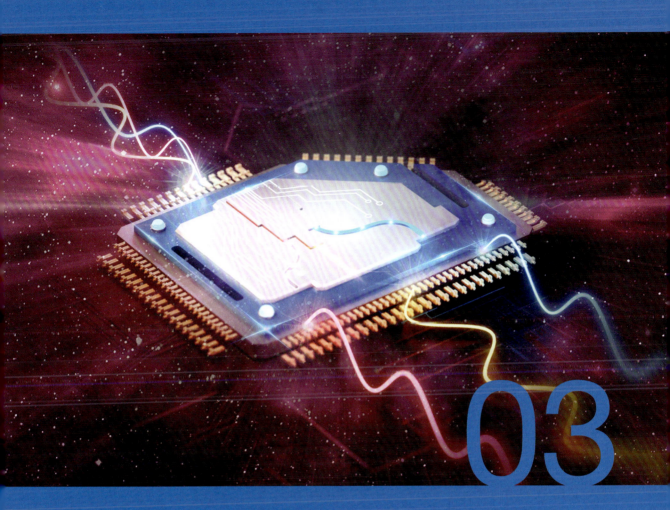

第 3 章

开拓全新赛道，光电子芯片助力我国走出"无芯"困境

光电子芯片作为当今信息化社会和未来智能化社会不可或缺的器件核心，其应用已经从传统的光通信向数据中心、卫星通信、激光雷达、环境感知、生物医学等众多领域扩展。基于新结构、新材料、新机理的下一代光电子芯片突破现有理论和技术，在信息感知的时间、空间、频谱等维度上拓展范围，提升精度，为蓬勃发展的智能产业提供了信息感知的新范式。新型光电子芯片目前在国际上也还处于尚未形成产品的研发阶段，这为我们提供了难得的机遇。积极推动新型光电子芯片的研发，在相关理论、方法、工艺等方面取得变革性、颠覆性突破，对引领光电子芯片前沿和技术创新方向，取得先发优势，在下一轮芯片的国际竞争中助力我国走出"无芯"困境具有重要意义。

3.1 光电子芯片大事记

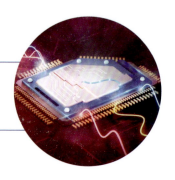

1917
受激辐射理论

1917年爱因斯坦（Albert Einstein）发表论文《关于辐射的量子理论》，提出了受激辐射的概念，并且预言了在满足粒子数反转的情况下可以实现光场激射；大约10年后，英国著名物理学家、剑桥大学教授保罗·狄拉克（Paul Dirac）首次实验证明受激辐射的存在。

1960
第一台激光器的诞生

美国工程师 Theodore Maiman 在自己研制的红宝石激光器上成功获得了波长约为694nm的激光。激光的亮度可比普通光源高20个量级，不仅包括可见光，还包括红外及紫外直至X射线波段内的一系列相干辐射光源。

1962
半导体激光器

在世界上第一个红宝石激光器被发明两年后，1962年R. N. Hall等人创制了砷化镓半导体激光器，这是世界上第一个半导体激光器。此时的激光器由于是单异质结结构只能实现脉冲工作，并且电光效率非常低。

1969
硅光子集成的提出

美国贝尔实验室首次提出了集成光学与硅光子技术的概念，由于磷化铟（InP）波导的高损耗和工艺落后难以实现大规模集成，得益于互补金属氧化物半导体（Complementary Metal Oxide Semiconductor，CMOS）工艺的发展，可以利用成熟的工艺制造几百纳米宽的波导以超低的损耗传输光并进行光信号处理。由于当前微电子摩尔定律接近瓶颈，作为新兴的技术，硅光集成拥有更大的带宽，有望替代电子技术成为摩尔定律的延续。

20世纪70年代
双异质结半导体激光器

得益于大自然的青睐，高折射率的材料拥有更窄的带隙。人们研制出了双异质结半导体激光器，可以实现很好的光场限制作用和几乎完全的载流子限制作用，此后激光器可以在室温连续激射。

20 世纪 80 年代
多量子阱结构

随着材料生长技术的发展成熟，利用金属有机物化学气相沉积（Metal-organic Chemical Vapor Deposition，MOCVD）或分子束外延（Molecular Beam Epitaxy，MBE）生长量子阱结构可以实现阶梯状能带结构，极大提高了量子效率。从此激光器告别了体材料进入量子阱材料时代。

20 世纪 90 年代
分布反馈激光器

利用布拉格反射光栅制作分布反馈激光器，实现了激光器单模激射和非常大的边模抑制比，为光通信的发展奠定了光源的基础。

21 世纪初
垂直腔面发射激光器

得益于材料生长技术的进步，利用布拉格光栅构成反射镜，可以实现低成本的垂直腔面发射激光器，大大降低封装测试成本。但是由于 InP 材料折射率差较小而限制很大，目前只在 GaAs 材料体系实现 850nm 波段，未来将朝着 1 550nm 波段发展。

21 世纪 10 年
蓝光 LED

为了混合出照明用的白光，需要蓝光波段的发光二极管（Light-emitting Diode，LED）发光材料，但是自然界的材料缺少这一波段，日本科学家中村修二、天野浩与赤崎勇于 20 世纪 80 年代提出使用 GaN 掺杂制造缺陷形成电子陷阱发光，并于约 10 年之后实现了量产。

硅基窄线宽外腔激光器

随着硅光平台的发展，利用 Si_3N_4 微环外腔芯片将混合集成激光器的线宽压窄以满足激光雷达四维测距和连续线性调频的需求，新一代相干通信光源成为了现在的研究的热点。该类芯片有望在自动驾驶和大型数据中心光互连中发挥重要的作用。

硅基光互连

由于电子的带宽较低，目前已经不足以满足中央处理器（Central Processing Unit，CPU）和图形处理器（Graphics Processing Unit，GPU）的数据交换需求，英特尔公司利用硅光互连实现了光学互连、电学计算的新一代中央处理器（CPU），由于硅光技术尚未成熟，并未形成产品，但仍证实了该方案有望解决电子带宽的问题。

2013
硅基相控阵雷达

2013 年，清华大学本科毕业的孙杰博士于麻省理工学院在《自然》（*Nature*）杂志发表了名为《大规模纳米光子相控阵》（*Large-Scale Nanophotonic Phased Array*）的文章，提出了相控阵激光雷达，引起了极大的轰动。该技术有望将目前成本数万美元的机械式激光雷达的成本降低到几百美元，并且避免了透镜等机械构件的使用，理论上具备极强的稳定性。孙博士后续也回国创立了摩尔芯光公司致力于激光雷达芯片的研发，目前取得了很大的进展。

2017
硅基神经网络芯片

2017年沈亦辰博士于麻省理工学院在《自然》（Nature）杂志发表了《基于相干纳米光子电路的深度学习》（Deep Learning with Coherent Nanophotonic Circuits），提出了使用马赫曾德干涉仪组成的光学芯片代替图形处理器（GPU）进行神经网络计算的方案，引起了巨大的轰动。利用光计算理论上可以将主频提升到100GHt赫，并且还可以使用波分复用技术增加复用通道，并且只需要100nm的制程，最重要的是功耗理论上可以达到电子芯片的十万分之一。沈博士目前也已经回国创立了曦智科技公司，并且已经生产出了第一代产品，其某些计算性能达到了RTX3080的百倍级别。

2021
硅基相变材料神经网络芯片

相变材料具有极强的光学调制作用，可以用超小的体积实现光学乘法运算，根据最新实验结果，利用相变材料可以实现和7nm工艺下图形GPU相同的计算单元密度，通过波分复用可以达到相同面积下1 000倍的算力提升，待工艺成熟后也是延续摩尔定律的一种可能技术路线。

2022
硅基发光

由于硅是间接带隙的材料无法直接发光，为了实现硅基发光降低封装成本，人们进行了非常多的探索，目前并没有很好地解决，这已经是公认的能获诺奖级别的世界难题。目前主要的技术路线有硅基直接发光，III/V族材料异质集成和III/V族材料混合集成。

第一种方案目前发光功率非常低，远远达不到实用的级别。

第二种方案目前分为键合和材料生长两种手段。键合由加州大学圣巴巴拉分校的John Bowers提出，后被英特尔购买专利，该方案需要键合两者的接触平面达到皮米级别的平滑，利用范德华力贴合，工艺难度非常大，目前只有英特尔实现了10毫瓦出光功率。材料生长目前也是John Bowers世界领先，2022年实现了128毫瓦的直接生长的硅上量子点激光器，该方法有量产可能，有望解决硅基发光问题。

第三种方案是将激光器和硅光芯片对准耦合可以实现较大功率，但是耦合封装的成本很高，损耗较大，制约了其量产应用。

总的来说，硅基发光是当前硅光最主要的障碍，待光源问题解决，硅光则可以真正地实现片上全集成。

3.2 硅基光子学：下一次信息革命？

20世纪中叶以来，集成电路技术的发展改变了整个世界。在单晶硅的表面进行微纳加工形成晶体管等器件结构的技术，一经问世就被迅速应用于新型电子设备的制造中。随着电子设计自动化（Electronic Design Automation, EDA）设计技术和刻蚀、光刻等工艺的不断进步，今天人类已经能够制造出特征尺寸为几到几十纳米的微电子芯片，构成了电子计算设备的主要模块。与此同时，光纤的出现和光通信技术的发展使得光纤成为数字通信的主要手段。时至今日，人类已经基本形成了利用电子进行计算、利用光子进行通信的计算机网络系统。

然而，光纤的信道容量远远超出了微电子设备的计算速度。微电子芯片的主频不可能无限提高，这是因为当电磁波的波长缩短至与芯片尺寸相似时，芯片传输线将不再适用欧姆定律，系统无法正常工作。由于光的频率极高，理论上会有极高的信息传输速度，由于硅基微电子的互补金属氧化物半导体（CMOS）工艺已经十分成熟，所以人们希望应用类似的技术在单晶硅表面加工出集成光电子系统，硅基光电子学应运而生。

3.2.1 硅基光电子学的基本问题

在一个典型的微电子系统中，我们可以在单晶硅的表面通过掺杂、离子注入等方式形成晶体管等结构，并且通过在表面制备金属和绝缘体形成导线结构，从而形成基本的可以进行运算的器件。然而，光子不能通过金属导线进行传输，也不能通过晶体管进行计算。在一个典型的光电子系统中，通过半导体激光器产生光信息，利用光波导结构进行光信号的传输，利用调制器等器件进行运算，利用光探测器实现从电信号到光信号的转换，因此硅基光子学的基本问题是在单晶硅的表面通过尽可能简单的工艺制备上述结构，并试图在此基础上实现系统设计的自动化。相对而言，光波导结构的加工较为简单，而硅基光源、硅基调制器的研究却有不小的挑战[1]。

3.2.2 硅基光子学的早期历史

1987年1月，一篇名为《硅中的电光效应》（Electrooptical Effects in Silicon）的论文发表在《电气和电子工程师协会会刊》（Institute of Elcetrical and Electronics Enginees, IEEE）期刊上，这也标志着硅基光子学的诞生[2]。很快人们便在单晶硅表面制备了光波导结构和PN结，将光的传输与探测集成到了芯片中，这便是最早的硅基光电器件。这种最简单的器件被用在高速光通信的领域，降低了复杂光通信系统的复杂度。

然而，如果想要在光路中实现电光转换和调制解调等功能，必须将光源和调制器等器件也集成在单晶硅表面。这样的努力很快遇到了瓶颈，成为制约硅基光子学发展的最大障碍。

3.2.3　硅基光源：直接带隙材料如何发光？

硅是一种理想的半导体材料，通过掺杂、离子注入等手段可以很容易形成 PN 结等结构，这构成了整个微电子技术的基础。然而，硅是一种间接带隙半导体，因此利用硅材料直接发光极为困难，目前较为成熟的半导体激光器是由铟镓砷磷（InGaAsP）等材料系制备。2001年《自然》（Nature）上刊登了硅基光电二极管的研究成果，主要思路是在硅中掺杂硼元素，迫使其变成直接带隙的结构[1]。此后，利用掺杂等手段改变能带结构的发光方法得到了广泛的研究。

在今天的集成光电子器件中，光源常常采用被置于集成光路之外的激光器，或是在单晶硅表面生长磷化铟（InP）等材料，制成半导体激光器的结构。这样保证了系统的可靠性，却制约了系统集成度的进一步提高。因此今天的集成光电子系统往往体积较大，功能也局限于基本的光信息处理。

3.2.4　硅基调制器：集成度的提高

硅的原子结构决定了它没有泡克尔斯效应，而这是光电调制器所利用的十分重要的性质。较为成熟的技术是在（InP 等半导体材料中实现调制，以及与调制相关的集成光路结构。然而材料的差异决定了目前调制器无法方便地在单晶硅表面进行加工。近年来，MZI（Mach-Zehnder Interferometer）结构的调制器成为了新的研究方向[3]，其基本原理是利用两束信号光的相干实现信号的增益和衰减。沿着这个思路，硅基光子学中调制器的集成度得到了较大的提高。与此同时，环形调制器等结构也有潜在的应用价值。

当然，除了光源、调制器以外，在信号处理系统中需要更多的基本单元，比如隔离器、环行器等；在计算系统中需要存储器、逻辑门等结构。这些基本器件的研究同样是十分重要的课题。

3.2.5　硅基光子学的应用和潜在市场价值

在目前的信息系统中，计算、存储等工作主要由微电子器件完成，而光电子器件主要负责通信和基本的信号处理。因此目前硅基光子学的应用场景主要集中在大规模的通信系统中。在谷歌、阿里等公司的数据中心里，高性能的光收发机扮演着至关重要的角色，它们为高性能计算机提供了通信服务；在光纤网络中，光调制、解调器件也是不可或缺的组成部分。

由于理论上光信息相较于电信息的巨大优势，"光进铜退"的故事有可能在更多的场景上演。随着系统集成度的提高和更多基础器件工艺的发展与成熟，光子可能在更多领域内代替电子成为主要的信息媒介，光信息和电信息也会实现更好的互动与配合，不断提高信息系统的性能。图 3-1 是科技芯片的概念图。

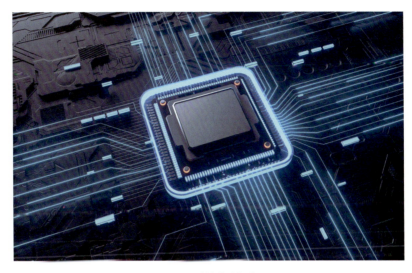

图 3-1 科技芯片概念图

参考文献

[1] Wai Lek Ng, Lourenço M, Gwilliam R, et al. An efficient room-temperature silicon-based light-emitting diode [J]. ***Nature***，2001, **410**: 192-194.

[2] Soref R, Bennett B. Electrooptical effects in silicon [J]. ***IEEE J Quant Elect***, 1987, **23**(1): 123-129.

[3] LIU Ansheng, Jones R, LING Liao, et al. A high-speed silicon optical modulator based on a metal-oxide-semiconductor capacitor [J]. ***Nature***, 2004, **427**: 615-618.

第 4 章

可重复使用航天运载器加快推动太空探索产业化

　　自古以来人类都对探索太空有着无限向往，随着航天技术的发展，载人航天从梦想变为现实。传统的运载器发射模式因高昂的成本难以实现普通人的太空梦，可重复使用航天运载器作为降低航天发射成本的重要途径，可将有效载荷送入预定轨道并再次返回地面，可实现低成本快速进出空间等能力，使太空探索更便捷、更廉价。一旦可重复使用航天运载器成功实现商用，一场说走就走的"太空旅行"或许不再遥远。

4.1 可重复使用航天运载器大事记

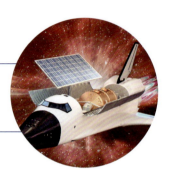

1947
首次尝试回收亚轨道航天器

第二次世界大战结束之后，随着同盟国对纳粹德国的分区占领，以 V-2 导弹为代表的德国火箭技术也被美苏两国瓜分一空。然而 V-2 导弹结构复杂、生产困难且耗时，美国空军无力补充因实验损耗的 V-2 导弹，因而试图用特制降落伞回收导弹。在 1947 年首次尝试回收 V-2 导弹时，工程师还对超声速气流缺乏了解，而世界首次载人超声速飞行更是八个月后才得以实现。因此，降落伞毫不意外地被强劲的超声速气流撕碎，人类第一次回收航天器的尝试宣告失败。

1957
最早的空天飞机 X-20 "Dyan-Soar"

在航天时代初期，美国空军提出了一项疯狂的"极超声速滑翔火箭武器系统"，也就是 X-20 高超声速飞机。这一项目基于先前德国人 Sänger 提出的"银鸟"计划和贝尔公司提出的 BOMI（BOmber MIssile）、RoBo（Rocket Bomber）火箭轰炸机项目，希望研发一款由火箭发射的临近空间载人飞行器，用以执行侦察轰炸等军事任务。X-20 将以无动力滑翔的形式再入并降落至地面，其气动外形针对高超声速飞行进行优化，相应促进了风洞技术和超声速气动设计的进步。尽管 X-20 最终因内部因素在原型机制造阶段下马，但它作为人类第一款实际的空天飞机和第一次太空军事化的尝试仍然值得我们铭记。

1981
航天飞机首次载人飞行成功

阿波罗计划后，美国国家航空航天局（National Aeronautics and Space Administration, NASA）开始考虑研制可重复使用航天器以降低进入太空的经济成本，由此催生出了航天飞机的概念（见图 4-1 航天飞机概念图）。航天飞机由两枚大型固体助推器和自身的三台 RS-25 发动机提供起飞推力，助推器关机后分离并被回收，巨大的橙色贮箱则在大气层中焚毁。航天飞机以水平滑翔方式再入大气层，依靠机身下表面的 3.5 万枚隔热瓦抵抗再入时的高温气流，最终着陆在加固跑道上。尽管有巨大的载货载人能力，并在服役期间完成了包括在轨维修哈勃望远镜、建设国际空间站等重大任务，但是航天飞机的缺点却难以被掩盖。

与最初的期望相反,航天飞机的平均发射成本可达 8 亿美元,远高于当今主流火箭的价格。其配备的 RS-25 发动机固然性能优异,却也伴随着惊人的价格——单台发动机便可匹敌一枚中型火箭。同时,航天飞机在两次发射之间都需要进行异常复杂的检修流程,例如依次取下所有隔热瓦检测修复并复位。高度技术集成带来的冗长的检修流程既降低了航天飞机的任务频率,也为后来的"挑战者号"爆炸"哥伦比亚"号解体事故埋下了隐患。

图 4-1　航天飞机概念图

1988
苏联"暴风雪"航天飞机首次无人飞行

早在 20 世纪 60 年代,苏联就提出了旨在研制空天飞机的"螺旋"计划,但因种种技术与行政原因项目进展并不顺利。"螺旋"项目最终产出了米格 105 验证机、BOR 系列空天飞机以及一种美国仿制的 HL-20 飞行器,并对后来的苏联航天飞机提供了宝贵的经验。出于对美国将航天飞机军事化的担忧,苏联很快也推出了自己的航天飞机计划——"暴风雪"航天飞机。

"暴风雪"号并无主发动机,其起飞推力完全由"能源"号火箭提供,由此显著降低了自身的结构重量与整体尺寸。"暴风雪"号与美国航天飞机一样采用水平着陆方式,但其配备的两台小型机动发动机极大增加了降落时的操控空间,并允许复飞后再次尝试降落。1988 年,"暴风雪"号由"能源"号火箭从拜科努尔发射场发射升空,在环绕地球两周后以无人驾驶模式着陆。遗憾的是,由于苏联解体带来的巨大动荡,"暴风雪"号的后续研发工作遭到搁置,再也不可能进入太空。

1993
"三角快帆"试验火箭首飞成功

在航天飞机因灾难性事故和高成本而陷入质疑的 20 世纪 90 年代,工程师们将目光转向了水平回收火箭的技术路线。1990年，麦道公司提出代号 DC-X 的"三角快帆"单级入轨火箭计划。目标是研制一种单级入轨、垂直起飞并回收的可复用航天运载器，并将十吨级载荷的单次发射成本降低至 1 000 万美元左右。"三角快帆"大量采用石墨纤维/环氧树脂等先进复合材料以减轻结构重量，使用四台具有极大节流范围的 RL10A-5 发动机作为动力，并搭载了当时最先进的飞控与导航系统。DC-X 在 1993—1996 年进行了 12 次试飞，初步验证了悬停、导航与垂直着陆技术。然而当时的计算机技术尚不足以支撑复杂气象条件下的稳定回收，"三角快帆"项目在资金耗竭后被迫取消。

2010
X-37B 首次执行任务

20 世纪 80 年代后期，航天飞机的低谷催生出了空天飞机的热潮，国家空天飞机计划（National Aerospace Plane，NASP）和空间机动飞行器（Space Maneuver Vehicle，SMV）相继提出。前者的直接成果 X-30 验证机试验了耐高温复合材料等新技术，但因为冲压发动机技术难以攻克而被最终搁置；后者则选择了无须冲压发动机的火箭发射方案，先后诞生了 X-40A、X-37 两款验证机，并最终结出了 X-37B 这枚硕果。X-37B 近似一架缩小的航天飞机，能够携带 200 千克载荷在近地轨道长时间运行并自主降落，具备多次复用的能力。作为第一款较为成功的空天飞机，X-37B 可以被用于天基侦察打击、空间对抗等军事任务，也可用于验证空天飞机的一系列新型技术。

2015
"新谢泼德"与猎鹰 9 号实现首次成功回收

蓝色起源公司在 2000 年由亚马逊创始人 Bezos 创建，吸收了部分原"三角快帆"的研究人员，他们选择了先攻克垂直回收技术再攻克入轨火箭的路线。2015 年，"新谢泼德"2 号在试飞中成功越过卡门线，并依靠可调推力发动机稳稳着陆，实现了人类首次完整回收亚轨道级火箭的壮举。在这之后，蓝色起源公司稳步推进研发计划，目前已经可以成熟地将乘员送入亚轨道旅行。

美国太空探索技术公司（SpaceX）与蓝色起源同期创立，选择了先研制大推力发动机再研发可回收技术的路线。SpaceX 公司从 2012 年开始在"蚱蜢"火箭上测试一级火箭垂直回收技术，在经历多次失败后于 2015 年末成功实现猎鹰 9 号一级的陆地回收，这是人类第一次在实际任务中回收一级火箭箭体。目前，SpaceX 公司已经可以实现助推器、一级火箭乃至整流罩的回收。

2017
猎鹰重型火箭首飞成功

在猎鹰 9 号火箭取得技术和市场的双重成功后，SpaceX 公司终于有机会进行猎鹰重型火箭的首次发射。这次发射成功将作为试验载荷的特斯拉跑车送入轨道并回收了两枚助推器，但未能成功回收芯一级火箭。猎鹰重型火箭从猎鹰 9 号火箭发展而来，采用了通用芯级的设计思路，其助推器级与芯一级共有 27 台之多的梅林 -1D 发动机。这种多发动机并联方案曾被认为可靠性很低，但美国太空探索技术公司（SpaceX）借助计算机、控制和设计制造等领域的进步克服了种种困难，使猎鹰重型火箭成为目前起飞重量和运载能力最大的可回收火箭。除此以外，猎鹰重型火箭也应用了冷分离、轻质箭体结构等技术以进一步提升重复使用的能力。

2020
我国成功发射可重复使用试验航天器

2020 年 9 月，中国航天科技集团研制的某型可重复使用试验航天器搭乘长征 2F 火箭从酒泉卫星发射中心成功发射，并于两天后成功着陆于预定着陆场。这艘航天器保密程度极高，被外媒猜测在技术和外形上均较为接近 X-37B，其发射标志着我国可重复使用航天器技术研究取得重要突破。两年后的 2022 年 8 月，我国再次成功发射可重复使用试验航天器。这次发射开展了可重复使用和在轨服务技术验证，将为和平利用太空提供更加便捷、廉价的往返方式。

2022
我国成功进行"清航壹号"新型发动机飞行演示验证试验

"清航壹号"以新型冲压发动机为动力，这种新型发动机具有效率高、推重比大、比冲高和工作范围广等显著优点，可以填补涡轮基组合动力循环发动机（Turbine Based Combined Cycle Engine，TBCC）等组合动力发动机面临的推力陷阱等问题，有希望成为未来组合动力空天飞机的动力来源之一。本次试验是世界范围内首个公开报道的同类型飞行试验。这次成功标志着我国已经掌握该新型冲压发动机的自主研发与工程实现能力，并在新型空天动力领域跻身世界前列。

4.2 可复用航天运载器的现状与未来

不可复用的多级运载火箭是当前航天发射的主要工具，但这类运载器存在制造发射成本高、生产周期长等缺点，其局限性在航天事业蓬勃发展的今天愈发突出，不符合便利进出空间的需求。为了摆脱传统火箭的诸多缺陷，工程师很早便开始了对可复用运载器（Reusable Launch Vehicle，RLV）的探索。RLV 的特点是其全部或大部分部件可在发射后回收，经检修翻新后可以重新投入使用，通过多次发射任务分摊设计制造和测试等环节的成本。按照发射与回收方式不同，常见可 RLV 可分为垂直起降（Vertical

Takeoff Vertical Landing，VTVL）、水平起降（Horizontal Takeoff Horizontal Landing，HTHL）和垂直起飞水平降落（Vertical Takeoff Horizontal Landing，VTHL）三种[1]。

4.2.1 垂直起降运载器

垂直起降运载器通常以火箭发动机为主动力，能够回收部分箭体或者整个运载器，且可以通过现有火箭进行改进得来。垂直起降运载器的优点是技术跨度小、研发周期短、对回收场地要求小、兼容现有发射场、有效载荷大以及成本较低等；缺点是发射地点受限、发射前准备时间长、运载能力损失较大等。已经成熟的垂直起降运载器包括美国太空探索技术公司（SpaceX）的猎鹰系列火箭和蓝色起源（Blue Origin）公司的"新谢泼德"系列火箭，两者都以火箭作为运载器，并依赖可变推力的发动机与降落伞实现大部分箭体的完整回收。

垂直起降运载器的主要技术难点包括可变推力发动机、返回导航技术和返回飞行控制技术等。由于从轨道返回着陆场带来的额外燃料消耗和结构重量，火箭发动机必须具有更大的推重比以保证足够的有效载荷；同时考虑到返回时复杂的气动环境与较轻的返回重量，发动机必须具有较大的节流范围和灵活的推力调节能力以满足飞行控制的需要。垂直起降运载器的任务剖面十分复杂，且对回收精度要求很高，因此必须建立基于多种测量手段的导航系统以实时跟踪运载器位置与姿态。垂直运载器在返回过程中较大的姿态调整将导致燃料晃动等问题，此外也会面临切变风等干扰因素，因此需要建立精确的液体晃动模型，使用矢量发动机和格栅舵等姿态调整执行机构以及设计具有较高容错能力的飞行控制逻辑[2]。

面向未来，垂直起降运载器的主要发展趋势为多次完全复用、快速检修维护和智能化等。当前猎鹰系列火箭的一子级仍存在发动机积碳和结构强度等限制复用次数的短板，而多次彻底完全复用运载器可以将昂贵的设计、制造和测试成本分摊至大量的发射任务，从而决定性地降低单次发射成本。快速检修维护可以大幅缩短发射间隔，有助于改善垂直起降运载器的发射响应时间和发射密度。智能化是指其具备自主飞控、性能自检等信息化功能，有望降低运载器对地面指挥中心的依赖、降低使用维护成本从而提升全流程效率。

4.2.2 水平起降运载器

水平起降运载器通常分为载荷（上面级）和母机（下面级）两部分，母机从机场起飞达到一定高度和速度后释放载荷，随后载荷进一步加速并最终进入轨道。当前水平起降运载器的优点是可充分利用机场设施、无须大推力发动机、发射响应时间短，缺点则是燃料消耗大、降落难度高、运载效率低等。目前尚无公开的成熟水平起降运载器项目，但各国均有提出类似的技术方案，例如我国腾云工程最终阶段、英国云霄塔计划和美国基于"佩刀"发动机的可复用运载器（RLV）方案等[3-4]。图4-2是我国空间站核心舱发射的场景。

美国曾在20世纪提出以"铜谷"和X-33验证机为代表的单级入轨水平起降运载器计划，但因技术跨度过大而放弃。目前主流水平起降运载器均为两级入轨模式，其主要技术难点在于母机的推进动力、气动外形、热防护与热管理和载荷的导航与控制等方面。

图4-2 中国空间站核心舱发射

为降低载荷的结构重量和推力需求，母机必须能够从地面加速至高度约40 km、速度约8马赫/马赫为1倍音速（马赫≈1 225m/s）的状态。母机的工作速域横跨涡轮和冲压发动机的适用范围且全程在大气层内工作，因此无须自身携带氧化剂的吸气式组合动力是效率和比冲最高的动力选择，具有很大的发展潜力。但宽速域组合动力发动机在稳定燃烧、模态转换和热管理等方面仍有诸多困难，迄今未见成熟型号的公开报道。母机必须在亚声速至高超声速的不同工况下稳定飞行并分离载荷，这对其气动外形和飞行控制提出了很大挑战，如何应对长时间高速飞行产生的巨大热流也是一大工程难题。载荷通常不具有良好气动外形，其返回过程的导航和控制也有一定难度，这也是目前亟待解决的一项难题[5]。

水平起降运载器先天具有兼容机场跑道等现有设施的潜力，可以实现运载器的快速检修与响应，有望成为未来低成本大规模进入空间的主要运输手段。

4.2.3 垂直起飞水平降落运载器

这类运载器一般由火箭发射升空，最后以无动力滑翔形式降落。目前的优点为有效载荷大、技术跨度小，缺点为检修时间长、返回控制难等。航天飞机是这一类运载器的典型代表，目前见诸报道的空天飞机也多为这一类型，如美国 X-37B[6]、X-40A 验证机和我国腾云工程过渡阶段等。图 4-3 是我国正在运行的空间站。

垂直起飞水平降落运载器结合了前 2 种运载器的特点，因此面临的技术难题是类似的，即载荷水平降落的导航与控制、火箭的大推力发动机等。相应地，这类运载器可以绕开水平起飞对宽速域推进技术的需求，也可以避免运载器自身垂直降落对可变推力发动机的苛刻要求。尽管垂直起飞无法回避对发射场的显著依赖，但随着可复用火箭技术的逐步发展，垂直起飞水平降落运载器依然可以通过与可复用火箭技术结合以获取一席之地。

4.2.4 结语

随着科技的不断发展，大规模利用近地轨道的可能性和战略价值正在慢慢显现。宏大的发展前景使得低成本和便捷化逐步成为航天技术发展的重要趋势。目前各主要航天强国都对可复用航天运载投入了大量科研资源，我国也在《2021 年的中国航天》白皮书[7]中提及重复使用航天运输系统的发展，并加紧推进组合动力等关键技术攻关，以拓展多样化便利进出空间能力。在不久的将来，我们或许可以借助可复用航天运载器实现极低成本的天地往返运输系统，从而令整个世界的面貌焕然一新。

图 4-3　中国空间站核心舱"天和"

参考文献

[1] 徐大富，张哲，吴克，等. 垂直起降重复使用运载火箭发展趋势与关键技术研究进展 [J]. 科学通报，2016, **61**(32): 3453-3463.

[2] 崔乃刚，吴荣，韦常柱，等. 垂直起降可重复使用运载器发展现状与关键技术分析 [J]. 宇航总体技术，2018, **2**(2): 27-42.

[3] 马野. 云霄塔空天飞行器结构设计及结构改进思路 [J]. 飞机设计，2022, **42**(3): 50-55.

[4] 张国成，姚彦龙，王慧. 美国两级入轨水平起降可重复使用空天运载器发展综述 [J]. 飞机设计，2018, **38**(2):1-6.

[5] 李国利，工茄欢. 我国成功发射可重复使用试验航天器 [N]. 新华网，2022-08-05.

[6] 宋博，李高峰. 美国 X-37B 轨道试验飞行器的发展及分析 [J]. 飞航导弹，2012(12): 3-9.

[7] 中华人民共和国国务院新闻办公室. 2021 中国的航天 [R]. 北京：中华人民共和国国务院新闻办公室，2022.

第 5 章

打破"计算黑箱",可解释人工智能构建下一代人工智能通用范式

基于深度学习的人工智能方法在许多场景取得了重要突破,但仍然存在模型可解释性差、理论基础薄弱等问题,人们开始追问人工智能为什么在某些场景下作出错误决策。可解释人工智能通过规则与学习结合的方式,是具有高精度、可解释且不依赖大量标注数据的人工智能新方法。可解释人工智能有助于打破深度学习"黑箱算法"的现状,促进人们对于人工智能的信任、高效使用,降低使用人工智能所面临的合规性、法律、安全和声誉风险,真正实现人工智能辅助决策。

5.1 可解释人工智能大事记

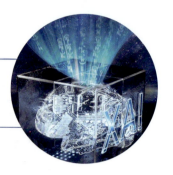

1977
可解释人工智能的最早研究工作

一些专家系统通过应用的规则解释其结果，这是关于可解释人工智能最早的研究工作。如果系统能够解释其行为，对某一领域进行建模的计算机程序更有可能被该领域的专家接受。解释能力不仅增加了系统的可信度，而且使非专家用户能够从中学习。此外，清晰的解释允许专家检查系统的"推理"，并对系统的知识库进行改进和添加。

2001
规则提取算法用于可解释人工智能

规则提取算法的基本思想是从原模型中提取可解释符号描述，使得提出的规则逼近原模型的决策过程，提供人类可理解的解释。解释方法的原模型主要针对人工神经网络模型，通常是决策树或基于规则的模型。因此，规则提取算法用于解释神经网络和挖掘数据中输入和输出变量之间的关系。2001年，一种新的规则提取算法提取包含连续和离散文本的规则，该算法使用决策树从原模型中同时提取出连续型和离散型的规则。

2004
可解释人工智能的概念正式提出

为了帮助机器学习专家快速设计出符合需求的模型，迫切需要一个可解释的机制，帮助他们更好地理解和分析机器学习模型。2004年，可解释人工智能（Explainable Artificial Intelligence，XAI）的概念正式提出。机器学习的可解释性主要指：机器学习模型在给出预测结果的同时可以提供相应的原因，使用户更好地理解机器的决策过程；同时通过交互式分析方法，利用可视化手段，帮助用户理解模型的工作机理，对模型的训练和决策过程进行诊断，进而实现模型的改进。

2005
通过有向无环图可视化人工神经网络

可视分析领域最早关于可解释机器学习的研究可以追溯至2005年，为了打开人工神经网络这个"黑匣子"，早期的工作通过有向无环图的形式对人工神经网络的结构进行可视化，试图解释其输入和输出之间的关系。

2013
可视化展示分析如何优化网络

美国计算机科学家 Matthew D Zeiler 和 Rob Fergus 在 ARXIV 上发表了《卷积网络的可视化与理解》(*Visualizing and Understanding Convolutional Networks*)。作者利用反卷积技术重构每层的输入特征并加以可视化,通过可视化的展示来分析如何优化网络;同时还分析了该网络结构中,每层对整体分类性能的贡献。该网络结构在多个数据集上的分类测试中证实了其优越性,例如,在 ImageNet 上,它的成绩超过了当时的许多先进模型。

2015
美国国防高等研究计划局(DARPA)正式提出可解释人工智能计划(XAI)

美国国防高等研究计划局(DARPA)在 2015 年正式提出可解释 AI 计划(XAI),于 2016 年公开征求提案,并于 2017 年启动 XAI 研究计划。XAI 的目标是创建一套具有可解释性的机器学习技术,从而使用户能更有效解释机器学习模型。如何利用可视分析技术将人机交互引入可解释人工智能的分析环路中,是其中的一个重要组成部分。

2016
欧盟通过《通用数据保护条例》(GDPR)

《通用数据保护条例》(General Data Protection Regulation,GDPR)针对人工智能,设立了"自动决策的可解释权"的条款,其要求企业可以提供准确的解释说明算法(特别指机器学习模型)是如何作出决策的,从而保证人工智能模型作出公平、准确的决策。这一条例要求人工智能具有可解释性,也促进了这一领域的发展。

解释卷积神经网络中学习到的图片特征

2016 年,Rauber 等人将卷积神经网络中学习得到的图片的高维特征通过降维的手段投影至二维平面上,帮助专家识别高维特征空间中的聚类特征和混淆区域,从而理解卷积神经网络中学习到的特征空间。同年,清华大学刘世霞和朱军团队提出 CNNVis 以可视化深度卷积神经网络。该工具利用聚类技术对具有相似作用的神经元及神经元之间的连接进行分组,降低了视觉混乱,帮助专家了解卷积神经网络中神经元的作用以及神经网络是如何将低级特征(如纹理)组合为高级特征(如动物的头部)并最终作出预测。

2017-2018
Tensorflow 神经网络计算图可视化工具问世

Wongsuphasawat 等人设计了一个图可视化方法:通过一系列图转换,为 Tensorflow 中深度学习模型的计算图生成清晰的交互式图布局,以帮助探索模型的结构。该网络可视化工具被集成到 Tensorboard 中,在 Tensorflow 开发者中被广泛应用。该工作同时也获得了 IEEE VIS（IEEE Visualization Conference）2017 的最佳论文奖。

通过改善数据质量进一步提升模型性能

高质量的标注数据是机器学习应用取得成功的重要因素。例如，图片分类任务的成功离不开以 ImageNet 为首的高质量标注数据集。数据决定了数据分析效果的上限，而模型和算法的改进只能不断逼近这一上限。令人遗憾的是，现实应用中往往难以收集到大量高质量的标注数据。常见的数据质量问题主要包括标注错、覆盖窄和标注缺。清华大学团队深耕于该领域，研究如何通过可视分析的手段发现数据质量问题，解释模型表现不佳的原因，并有针对性地提高数据质量，从而提升模型的性能。已发表的一系列工作分别针对众包场景下的标注错问题、数据集偏离问题等通过可视分析的手段有效地进行解释和改进。

可解释人工智能受到世界广泛关注

无论是在科学研究还是在工业应用中，可解释人工智能越来越受到全世界的关注。2017年 4 月，美国国防部高级研究计划局资助了为期 5 年的"可解释人工智能（XAI）计划"，旨在提高人工智能决策的可解释性。2017 年 7 月，中国政府发布了"新一代人工智能发展计划"，以鼓励高可解释性人工智能和强可扩展性人工智能。

2018 年 5 月，《通用数据保护条例（GDPR）》发布，首次引入了关于自动决策的条款，要求为用户提供获得解释权的权利。可解释人工智能将使包括用户和人工智能系统开发者在内的群体广泛受益，因此变得越来越重要。

2020
可解释人工智能用于医疗诊断辅助

可解释性人工智能在医疗领域最有价值的应用为医疗诊断辅助。2020 年，研究者构建了 Deep COVID Explainer 的诊断解释器，解释了对新型冠状病毒肺炎的智能诊断，通过设计多个深度网络集成，对 13 808 位病人的胸部 X 光图像进行了诊断预测。

2021
可视分析助力自动驾驶中的可解释人工智能

基于可视分析的可解释人工智能在工业界中也取得了一系列成果，它们通过可视分析工具，更好地解释产业中应用的机器学习模型。例如，博世（BOSCH）研究院针对自动驾驶场景下的交通灯识别和移动目标检测问题，分别开发了相应的可视分析工具以分析机器学习模型中的缺陷，有针对性地改进模型，从而提高了自动驾驶中的安全性。其中，用于交通灯识别的 VATLD 系统相关工作也获得 IEEE Visualization Conference 2021 的最佳论文奖。

5.2 可解释性人工智能：帮助用户更好地理解机器的决策过程

随着机器学习和人工智能技术在各个领域中的迅速发展和应用，向用户解释算法输出的结果变得至关重要。人工智能的可解释性是指人能够理解人工智能模型在其决策过程中所做出的选择，包括做出决策的原因、方法以及决策的内容[1]。简单地说，可解释性就是把人工智能从黑盒变成了白盒。

5.2.1 可解释人工智能概述

随着机器学习和人工智能技术在各个领域中的迅速发展和应用，向用户解释算法输出的结果变得至关重要。人工智能的可解释性是指人能够理解人工智能模型在其决策过程中所做出的选择，包括做出决策的原因、方法以及决策的内容[1]。简单地说，可解释性就是把人工智能从黑盒变成了白盒，如图5-1所示。

可解释性是现在人工智能在实际应用方面面临的最主要的障碍之一。

人们无法理解或者解释为何人工智能算法能取得这么好的表现。可解释性人工智能模型的作用主要有：

可解释性人工智能可以打破研究和应用之间的差距，加速先进的人工智能技术在商业上的应用，出于安全、法律和道德伦理等方面的原因。在一些管制较多的领域场景例如医疗、金融等，会限制无法解释的人工智能技术的使用。在这些领域，由于预测出错的后果的严重性，只有可解释的预测结果才可能被放心地采纳。

可解释性模型在做出决策的同时，也会给出决策的原因，这让研究人员或开发者易于找出模型偏差出现的原因，从而提升模型的性能。可解释性也能纠正用户在使用模型时因为不清楚算法所做的事情而产生错误的操作。

可解释性人工智能能提高用户的信任度，用户知道了人工智能决策的依据之后，会更加信任人工智能所做出的决策。

在生活中，有很多需要可解释性人工智能的场景，比如对于驾驶员辅助系统，可解释性人工智能可以通过告诉驾驶员如何制定行驶路线、为何采取当前行驶策略，使驾驶员和人工智能可以良好协同；在农业生产管理系统中，特别是用于预测天气或者制定农作物管理方案的系统中，可解释性人工智能可根据天气预报和其他环境因素来计算出下一步农作物管理决策的规则和逻辑供农民和农场经理参考，使得人和人工智能能够共同做出一个理想的决策。

5.2.2 可解释人工智能（XAI）的目标

可解释性人工智能拥有众多的解释性目标。但是由于可解释性的范围太过于广泛，不同的应用场景下所需要解释的内容不一样，甚至针对不同的用户受众所要解释的内容也不同，因此目前可解释人工智能（Explainable Artificial Intelligence, XAI）领域没有一个统一的评判标准体系。但是有研究人员对可解释人工智能（XAI）相关工作中用到的评判指标做了总结统计[2]，使用频率排名较前的有以下几点：

信息性：是最常用也是用户受众最广的解释性目标，几乎所有受众都能使用这个解释性目标。使用人工智能模型的最终目的是支持决策[3]，因此需要人工智能需要提供大量有关决策目标的信息，将用户的决定与模型给出的解决方案联系起来，使得用户理解模型内部的作用，从而更好地使用模型。

可移植性：这是第二常用的目标，一般应用受众为专家和从事数据科学的人员。可移植性表示了人工智能方法能否在不同的场景和数据下很好地应用，可移植性高的算法拥有更广泛的应用场景。可解释人工智能可以提升算法的可移植性，因为它可以清楚地表示出算法的决策过程以及可能影响模型应用的边界值，这有助于用户在不同的场景中应用算法[4]。

可访问性：应用频率第三的指标是可访问性，主要受众是产品开发团队以及用户。可访问性表示的是能否用非专业的解释方式来进行算法的解释，保证非专业人员也能明白算法的决策过程，降低了用户在对算法提供改进意见时的技术准入门槛，保证用户能在参与改进或者开发人工智能模型的过程中[5]，让用户更加专注于提升自己的体验。

除此之外，可解释性人工智能的目标还有：可信度、因果关系、置信度、公平性、隐私保护等。

5.2.3 主要实现方法

目前可解释性人工智能的实现方法主要分为两种：一种是可解释模型，即设计出来的机器学习模型本来就具备可解释的能力；另一种是模型可解释技术，利用模型可解释技术来解释本来没有可解释性的机器学习模型。

可解释模型的可解释性可以分为三个层次：可模拟性、可分解性和算法透明。可解释模型的优势在于能够提供对模型决策的解释和理解，增强了模型的可信度和可靠性，有助于消除黑盒子模型的不透明性；还能够发现数据中的问题和偏差，帮助用户更好地理解数据，从而提高数据质量和决策准确性；还能够提供有关模型输入和输出之间关系的洞见，帮助用户更好地理解模型的运作方式。然而，可解释模型的缺点在于其性能相较于不可解释的模型一般较低。因为在增强可解释性的同时，模型不再能变得足够复杂以处理更加困难的问题。比较经典的可解释模型有线性回归、决策树和K最邻近算法（K-Nearest Neighbor, KNN）。

线性回归：线性回归假设自变量和因变量之间存在线性关系，并且通过计算得出它们之间的线性关系系数，如图5-1所示。该方法能很好地做到可解释模型的3个层次，但是也需要模型可解释技术辅助进行更好的阐释。线性回归模型被提出的时间较早，已经被应用了很

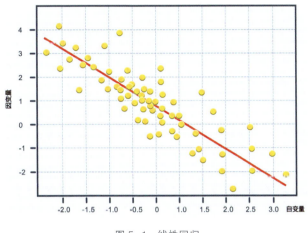

图 5-1 线性回归

长一段时间，因此其解释模型结果的方法也较为成熟，包括统计学方法[6]以及可视化方法等。当然线性回归的解释性也有一些潜在的问题[7]，例如未观察到的异质性，不同模型之间比率可能会无效等。另外，想要线性回归模型保持可模拟性和可分解性，模型不能过大，而且变量必须被用户理解。线性回归模型假设自变量和因变量之间存在线性关系，但如果实际数据并非线性关系，则会导致模型拟合不准确，产生误差较大的预测结果。此外，过拟合和欠拟合也是线性回归常见的问题。

决策树：决策树是用于回归和分类问题的分层决策结构[8]，能满足可解释模型的各个层次，如图 5-2 所示。虽然决策树能拟合各个层次，但是决策树的个体特征会使其倾向于某个层次，这和决策环境密切相关。决策树拥有较高的可解释性，长期应用于非计算机和人工智能领域，因此决策树在其他领域的解释性已经有很多成熟的项目可以参考[9,10]。但是，决策树泛化能力较差，不适用于需要平衡预测准确度的场景。

K 最邻算法（KNN）是一种聚类方法，如图 5-3 所示。选择测试样本的 K 个最近邻的类别中最多的类别作为样本类别的预测结果。KNN 的模型可解释性取决于特征数量、邻居数量（即 K 值）和用于度量样本之间相似性的距离函数。如果 K 值特别大则会降低 KNN 的可模拟性，而如果特征或者距离函数较为复杂，则会限制 KNN 模型的可分解性。

当机器学习模型本身不属于可解释模型时，就需要使用模型可解释技术来解释其决策。模型可解释技术的目的是表示已有的模型如何从给定的输入生成出预测的可理解信息。现在比较常用的模型可解释方法主要有特征重要性方法和基于实例的方法。

特征重要性方法主要分为基于扰动的方法和基于梯度的方法。

基于扰动的方法是指通过一个或者一组输入特征的改变来对输入进行扰动，从而观察其与原始输出的差异，得到特征重要性。基于扰动的方法可以直接估计特征的重要性，使用简单，通用性强。但是每次只能扰动一个或一组特

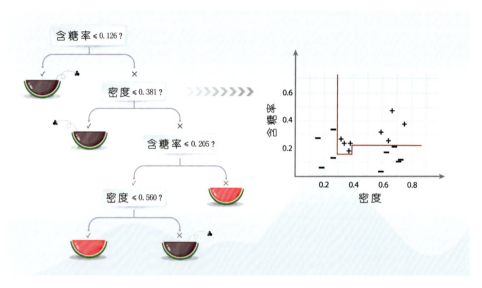

图 5-2 决策树算法

征，导致算法速度缓慢。另外，一些复杂的机器学习模型是非线性的，解释受选择的特征的影响很大。较为经典的基于扰动的方法局部可解释模型不可知解释（local interpretable model-agnostic explanations，LIME）[11]和解释机器学习模型输出（SHapley Additive explanation，SHAP）[12]。

局部可解释模型不可知解释（Local Interpretable Model-Agnostic Explanations，LIME），如图 5-4 所示。其原理是在需要解释的模型的基础上设计一个全新的简化的可解释模型，然后使用这个简化的模型，搭配可解释的特征进行适配，来接近复杂模型的效果，从而起到解释复杂模型的作用。

作者在局部可解释模型不可知解释模型（LIME）的基础上提出了模型无关算法（Anchors 算法）[13]。LIME 是在局部建立一个可理解的线性可分模型，而模型无关算法（Anchors 算

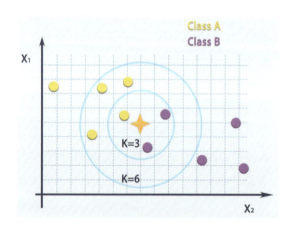

图 5-3 KNN 算法

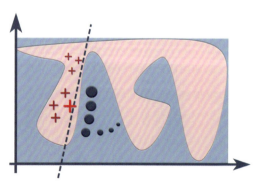

图 5-4 LIME 算法的例子

法）的目的是建立一套更精细的规则系统来产生解释。

解释机器学习模型输出（SHAP）是由夏普利值（Shapley Value）启发的可加性解释模型。它的核心思想是计算特征对模型输出的贡献，然后从全局和局部两个层面对"黑盒模型"进行解释。SHAP 是实际使用中最常用的方法，易于操作。该方法可以得出各特征对模型的影响，主要被用于进行特征工程或者辅助数据采集。

基于梯度的基本方法只是计算输出相对于输入的梯度，相比扰动方法更有效率。例如深度学习重要特征分析方法（Deep learning important features，DeepLIFT）方法[14]将每个神经元的激活与它的"参考激活"进行比较，并根据差异给每个输入分配分数。

深度学习是基于梯度构建的模型，一直被认为是黑箱模型，因为模型本身没有可解释性，必须使用模型可解释技术进行解释。解释性差已经成为现在深度学习发展的最大阻力之一。解释深度学习的常用方法有事后局部解释和特征相关性技术。按照不同的深度学习方法类型，又分为多层神经网络、卷积神经网络（Conlolutional neural networks，CNN）和循环神经网络（Recursive neural network，RNN），它们的可解释性方法如下介绍。

多层神经网络在推断变量间复杂关系下效果极佳，但是可解释性非常差。常用的可解释方法包括模型简化方法、特征相关性估计、文本解释、局部解释和模型可视化[15-17]。

卷积神经网络（CNN）主要应用于图像分类、对象检测和实例分割。虽然其复杂的内部关系使得模型难以解释，但是对于人类来说，图形会更好理解，因此 CNN 会比其他的深度学习模型更好解释。一般的可解释方法有两种：一是把输出映射到输入空间上，查看哪些输入会影响输出，从而理解模型的决策过程；二是深入网络内部，以中间层的视角来解释外部[18-20]。

循环神经网络（RNN）广泛应用于固有序列数据的预测问题，如自然语言处理和时间序列分析。RNN 的可解释方法较少，主要分为两类：一类使用特征相关性解释方法，RNN 模型所学习的内容；另一类使用局部解释，修改 RNN 架构来对决策进行解释[21-22]。

5.2.4 未来研究方向

可解释人工智能作为人工智能领域最具潜力的方向之一，未来尚有许多需要讨论和解决的问题。

首先是模型可解释性和性能之间的权衡。在提升模型性能的同时往往会降低模型的可解释性，因为性能往往是和算法复杂度绑定的，而越复杂的模型可解释性就越差。准确性和可解释性的关系如图 5-5 所示。虽然性能和可解释性这种负相关的趋势无法逆转，还是可以通过升级可解释性的方法，使其更加精密，从而减缓这种负相关的趋势[23]。

其次，目前可解释性人工智能领域并没有一个统一的评判指标，这将会是可解释性人工智能发展路上的一个重大阻碍。可解释性人工智能（XAI）领域需要持续发展，就必须先统一评判指标。值得高兴的是，已经有学者开始

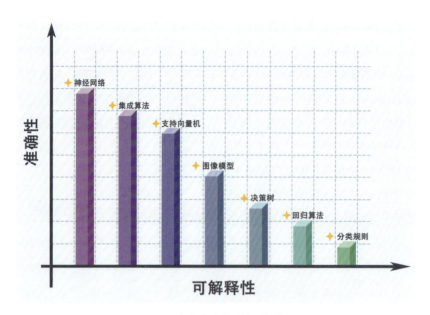

图 5-5 可解释性和准确性之间的关系

注意到这个问题，并开始研究如何用统一的标准来评判可解释性[2]。

深度学习是当前人工智能成为热点的原因。但深度学习一直被认为是黑箱模型，在实际应用中一个较大的阻力就是相较于传统的白盒机器学习方法，深度学习可解释性较差。这不仅限制了深度学习在管制较多的领域上的应用，而且也会影响到模型的优化。在无法知晓深度学习模型进行决策的原因的情况下很难做出好的改进。如果能对深度学习模型进行一个好的解释，深度学习的发展速度会变得更快。

此外，目前可解释人工智能（XAI）在信息安全上的应用较少，但是在未来这可能会是一个重要的应用场景。可解释人工智能（XAI）可以通过模型的输入和输出来推理模型的数据和作用，从而被用于盗窃模型数据和功能[24]。当然从另一个角度来看，通过可解释人工智能（XAI）技术获取的信息可以加入到对抗性环境中，对模型进行更有效的攻击，找出模型安全性较差的环节并进行修复，来利用可解释人工智能（XAI）技术来提升系统安全性。

可解释人工智能（XAI）的实现还有助于人工智能赋能不同专业和受众。可解释人工智能（XAI）能对无专业背景的用户有效地进行模型决策的解释。可解释人工智能（XAI）也可以进行关键数据研究，即进行多学科融合，并针对不同的受众给出他们需要知道的解释[25]，因此可解释人工智能（XAI）可以促进不同受众和学科之间的信息交流。

可解释性人工智能才处于起步阶段，拥有非常广阔的研究前景。相信在不远的未来，可解释性人工智能会引领人工智能技术进行一次新的突破。

参考文献

[1] Roberto C, Ludovik C, Benedikt W, et al. A historical perspective of explainable Artificial Intelligence [J]. ***Wiley Interdiscip Rev: Data Mini Knowl Disco,*** 2021, **11**(1): e1391.

[2] Arrieta B A, Díaz-Rodríguez N, Ser D J, et al. Explainable artificial intelligence (XAI): Concepts, taxonomies, opportunities and challenges toward responsible AI [J]. ***Info Fusi***, 2020, **58**: 82-115.

[3] Huysmans J, Dejaeger K, Mues C, et al. An empirical evaluation of the comprehensibility of decision table, tree and rule based predictive models [J]. ***Decis Supp Syst***, 2011, **51** (1): 141-154.

[4] Caruana R, LOU Yin, Gehrke J, et al. Intelligible models for healthcare: Predicting pneumonia risk and hospital 30-day readmission [C] // *Proceed 21th ACM SIGKDD Int'l Conf Knowl Disco Data Mini*. KDD'15, 2015: 1721-1730.

[5] Miller T, Howe P, Sonenberg L. Explainable AI: Beware of inmates running the asylum [C]// *Int'l Joint Conf Artif Intel, Workshop Explain AI (XAI)*. 2017, **36**: 36-40.

[6] Hosmer Jr W D, Lemeshow S, Sturdivant R X. Applied logistic Regression (3rd) [M]. John Wiley & Sons, Manhattan, 2013, 398: 1-392.

[7] Mod C. Logistic regression: Why we cannot do what we think we can do, and what we can do about it [J]. ***Europ Sociol Rev***, 2010, **26** (1): 67-82.

[8] Quinlan R J. Simplifying decision trees [J]. ***Int'l J Man-Mach Stud***, 1987, **27** (3): 221-234.

[9] Rokach L, Maimon Z O. Data Mining with Decision Trees: Theory and Applications (2nd) [M]. World Scientific, Singapore, 2014: 1-209.

[10] Rovnyak S, Kretsinger S, Thorp J, et al. Decision trees for real-time transient stability prediction [J]. ***IEEE Trans Power Syst***, 1994, **9** (3): 1417-1426.

[11] Ribeiro M T, Singh S, Guestrin C. "Why should I trust you?" Explaining the predictions of any classifier [C]// *Proceed 22nd ACM SIGKDD Int'l Conf Knowl Discov Data Mini*. 2016, **1**: 1135-1144.

[12] Lundberg M S, Lee I S. A unified approach to interpreting model predictions [J]. ***Advan Neur Info Process Syst***, 2017, 30: 4765-4774.

[13] Ribeiro T M, Singh S, C. Guestrin C. Nothing else matters: Model-agnostic explanations by identifying prediction invariance [J]. arXiv, 2016: arXiv:1611.05817.

[14] Shri kumar A, Green side P, Shcherbina A, et al. Not just a black box: Learning important features through propagating activation differences [J]. arXiv, 2016: arXiv: 1605.01713.

[15] CHE Zhengping, Purushotham S, Khemani R, et al. Interpretable deep models for ICU outcome

prediction [C] // *AMIA Annu Symp Proceed*. American Medical Informatics Association, 2016: 371-380.

[16] Montavon G, Lapuschkin S, Binder A, et al. Explaining nonlinear classification decisions with deep taylor decompnition [J]. **Pattern Recognition**, 2017, **65**: 211-222.

[17] Kindermans J P, Schutt T K, Alber M,et al. Learning how to explain neural networks: Patternnet and patternattribution [J]. arXiv, 2017: arXiv: 1705.05598.

[18] Bach S, Binder A, Montavon G, et al. On pixel-wise explanations for non-linear classifier decisions by layer-wise relevance propagation [J]. **Plos One**, 2015, **10** (7): e0130140.

[19] ZHOU Bolei, Khosla A, Lapedriza A, et al. Learning deep features for discriminative localization [C]// *IEEE Conf Comput Vision Patt Recogn*, IEEE Computer Society, 2016: 2921-2929.

[20] Fergus R, Taylor G W, Zeiler M D, et al. Adaptive deconvolutional networks for mid and high level feature learning [J]. **IEEE Comput Soc**, 2011, 1: 2018-2025.

[21] Arras L, Montavon G, Müller K R, et al. Explaining recurrent neural network predictions in sentiment analysis [J]. arXiv, 2017: arXiv: 1706.07206.

[22] Choi E，Bahadori M T, Schuetz A, et al. An interpretable predictive model in healthcare using reverse time attention mechanism [J]. **Advan Neur Info Process Syst**, 2016, **29**: 3504-3512.

[23] Gunning D. Explainable artificial intelligence (xAI) [R]. Defense Advanced Research Projects Agency (DARPA), 2017.

[24] Orekondy T, Schiele B, Fritz M. Knockoff nets: Stealing functionality of black-box models [C]// *Proceed IEEE/CVF Conf Comput Vision Patt Recognit*. IEEE, 2019: 4954-4963.

[25] Iliadis A, Russo F. Critical data studies: An introduction [J]. **Big Data Soc**, 2016, **3**(2): 20539517 16674238.

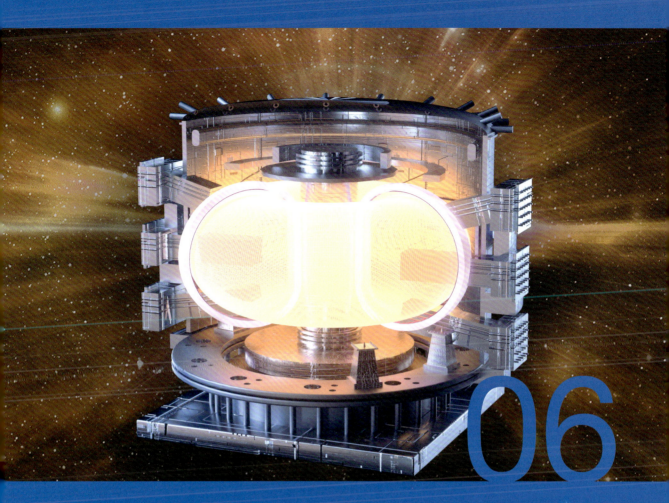

第 6 章

无限的燃料来源，可控核聚变将彻底解决能源问题

目前化石能源面临枯竭的窘境，而清洁能源包括水能、光伏、风能发电又受到地域条件、天气变化、昼夜更替等限制，使得其短时间内不能完全填补化石能源减少后的缺口。核聚变可在远高于 10^8℃ 的温度下，通过核子融合在一起释放出大量的能量。核聚变所用的主要原料之一是氢的同位素氘，氘可以从水中提取，地球上仅在海水中就含有 45 万亿吨氘。因此海洋将成为人类能源的原料来源，储量非常巨大，此外核聚变也不会产生放射性废物。如果能够以可控和持续的方式实现核聚变反应，就可以成为几乎无限的燃料来源，提供廉价、持续、无碳的电力，人类能源问题将有望得到根本解决。

6.1 可控核聚变大事记

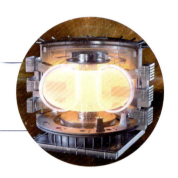

1919
发现轻原子聚变的依据

英国物理学家 Ernest Rutherford 从实验证实足够大量的轻原子核可以在人工控制下相互碰撞发生核反应转化为另一种原子；同年，物理学家 F. W. Aston 在实验中发现 He^4 原子的质量比组成氦的 4 个氢原子质量的总和大约小 1% 左右，其质量差和光速的平方的乘积与 4 个氢原子结合成一个 He^4 时所释放的能量相当。

1920
提出恒星能量可能来源于核聚变

英国物理学家 Arthur Stanley Eddington 提出重要猜想：太阳的能量来自氢原子核到氦原子核的聚变过程。

1928
揭示库仑势垒隧穿效应

美国核物理学家 George Gamow 揭示了聚变反应中的库仑势垒隧穿效应，即 2 个原子核要接近至可以进行核聚变所需要克服的静电能量壁垒。

1929
理论证明了氢原子聚变为氦原子的可能性

Atkinson 和 Houtermans 从理论上计算了氢原子聚变成氦原子的反应条件。计算结果表明，轻原子的聚变反应需要在几千万度高温下进行。这一成果为之后的热核聚变研究指明了发展方向。

1934
首个人工核聚变反应的实现

澳大利亚物理学家 Oliphant 用氢的同位素氘（D）轰击氘，生成一种具有放射性的新同位素氚（T），实现首个 D-D 核聚变反应。在此后的研究中，有关 D-D 核聚变反应的研究一直是可控核聚变领域的一项重要分支。

1938
首次提出"循环"核聚变理论

美国物理学家 Hans Bethe 证明太阳能源来自它的内部氢核聚变成氦核的热核反应，他提出了"碳循环"和"氢循环"核聚变理论来解释太阳和其他恒星。基于这一贡献，Hans Bethe 获 1967 年诺贝尔物理学奖。

1942
首次实现 D-T 反应

美国普渡大学的 Schreiber 和 King，用氢的同位素氘（D）轰击同位素氚（T），实现首个 D-T 核聚变反应。在此后的研究中，有关 D-T 核聚变反应的研究一直是可控核聚变领域的一项重要分支。

1952
首颗氢弹爆炸

科学家们不断地努力进行实验研究，终于在西太平洋埃尼威托克岛秘密爆炸了一颗氢弹，爆炸时产生的巨大能量标志着人类成功地实现了不可控核聚变。此时，科学家们提出了新的问题：如何能够使核聚变缓慢地释放聚变能，能够像核裂变一样转换成电能为人类提供生产生活所必需的能源？

1957
第一次原子能国际大会召开

20 世纪 50 年代的时候，世界上很多国家都秘密地展开了对核聚变的相关研究，各国之间的研究都是在高度保密的情况下进行。直至 1957 年在日内瓦召开的原子能国际大会，正式决定开展国际合作与交流。

提出 Lawson 判据

英国科学家 Lawson 在研究能量平衡问题时提出，在理想循环的脉冲聚变反应堆中等离子体在聚变反应中提供的总能量以某一效率转换成电能，并回授给等离子体以补偿其能量损失，使得聚变反应继续进行，只有当回授给等离子体的能量不小于等离子体的能量损失时，才能进行再循环并获得能量。该假说称为"Lawson 判据"，开创了有关维持核聚变反应堆中能量平衡问题研究的先河。

1963
提出激光聚变概念

1963 年苏联科学家 Basov. Nikolai Gennadievich 和 1964 年我国科学家王淦昌分别独立提出了用激光照射在聚变燃料靶上实现受控热核聚变反应的构想：以高功率激光作为驱动器的惯性约束核聚变。这一构想开辟了实现受控热核聚变反应的新途径激光核聚变。

1968
托卡马克技术兴起

苏联物理学家在托卡马克（Tokamak）装置上取得非常好的等离子体参数，后来英国卡拉姆实验室主任亲自带最先进的激光散射设备证实了 T-3 Tokamak 装置拥有比塔姆等报告的参数还要高的温度后，Tokamak 装置就逐渐成为了国际磁约束核聚变研究的主流设备，同时也在世界范围内掀起了 Tokamak 的研究热潮。

1985
国际热核聚变实验堆（ITER）计划启动

戈尔巴乔夫（Gorbache）与里根（Reagan）在日内瓦峰会上提出了在核聚变方面的国际合作，提出"国际热核聚变实验堆（International Thermonuclear Energy Reactor，ITER）计划[1]"。该计划是全球规模最大、影响最深远的国际科研合作项目之一。进入21世纪后，中国、韩国和印度也相继加入国际热核聚变实验堆计划[2]（ITER），使得该计划的研发能力得到加强。

1991—1997
核聚变展现出工业利用前景

欧洲联合环（Joint European Torus，JET）首次采用氘氚放电，获得1.7兆瓦的聚变功率。紧接着，在1994年，在美国的托卡马克（Tokmak）核反应堆氘氚放电实现超过11.5兆瓦的聚变功率。1997年，JET聚变功率输出16.1兆瓦。尽管核聚变发电的输入能量大于发电量，但是这意味着核聚变存在工业利用的前景。

2005
建成世界首个非圆截面全超导托卡马克

中国科学院等离子体所建成了世界首个非圆截面全超导Tokamak——全超导托卡马克核聚变实验装置（Experimental Advanced Superconducting Tokamak，EAST）实验装置。全超导Tokmak核聚变实验装置（EAST）在等离子体放电实验中，获得了稳定可控、具有大拉长比的偏滤器位形等离子体放电，并成功完成了磁体、低温、总控和保护、等离子体控制等多项重要工程测试和物理实验。这标志着我国在国际核聚变研究中占据越来越重的地位。

2015
神光－Ⅲ激光装置主机建成

由中国工程物理研究院参与建造的神光-Ⅲ激光装置主机建成并全面达到设计指标。其规模是继美国国家点火装置、法国兆焦耳激光装置之后第三大激光驱动器。目前的输出能力仅次于美国国家点火装置，同时也是亚洲最大的高功率激光装置，这标志着我国在多束组激光惯性约束方面处于领先地位。

2018
中国可控核聚变首次实现1亿度运行

通过优化稳态射频波等多种加热技术在高参数条件下的耦合与电流驱动、等离子体先进控制等，结合理论与数值模拟，中国全超导托卡马克核聚变实验装置（EAST）率先实现加热功率超过10兆瓦，等离子体储能增加到300千焦，等离子体中心电子温度达到1亿度。此次实验成果标志着中国未来聚变反应堆实验的运行迈出了关键一步。

2020
ITER 开始安装

国际热核聚变实验堆（ITER）计划重大工程安装启动仪式在法国该组织总部举行，并计划在 2025 年底首次等离子体放电，这标志着 ITER 计划国际热核聚变实验堆由此前成员国制造零部件的建设阶段正式转换到装置组装阶段[3,4]。

2021
中国核聚变稳定运行时间破 1 000 秒

中国科学院等离子体所对全超导 Tokamak 核聚变实验装置（EAST）实验装置进行升级，并实现了 1 056s 的长脉冲高参数等离子体运行，为未来 Tokamak 聚变装置的连续运行奠定坚实的科技基础。未来全超导 Tokamak 核聚变实验装置（EAST）还将继续探索高参数长脉冲稳态运行模式，发挥连接现有脉冲放电装置和未来稳态放电装置 ITER 计划的桥梁作用。

6.2 可控核聚变的长征路与高光时刻：国际热核聚变实验反应堆

世界上最大的磁约束可控核聚变实验装置——国际热核聚变实验反应堆（ITER）于 2020 年 7 月 28 日在法国南部卡达拉什正式进入组装阶段。这一工程预计耗资 200 亿欧元，是继国际空间站之后的第二大国际大科学工程。根据 2016 年 11 月在法国圣保罗勒杜兰总部召开的 ITER 组织第十九届理事会更新的项目时间表，第一次等离子体出束定于 2025 年，而作为"燃烧"聚变燃料氘和氚混合的第一次实验将定于 2035 年[5]。

6.2.1 可控核聚变的原理和路径

国际热核聚变实验堆（ITER）计划装置的基本原理是轻核在一定条件下聚变生成重核并释放能量，通过使聚变产能的过程可控，使核聚变产生的巨大能量可以稳定地被人类利用。

由质能方程可看出，核反应中的质量损失可以释放巨大的能量，这是裂变能和聚变能电站的理论基础。相比于化石燃料燃烧的化学反应过程中化学键变动释放能量，通过核反应获取能量的效率要高出多个数量级，理论上利用极少量的燃料就可以维持一个裂变/聚变电站的运行。

实现一个有价值的可控核聚变装置，需要应对两方面的核心挑战，一是达到核聚变发生的条件，二是让核聚变可持续，达到"可控"。这两大挑战对应于在地球上实现可控的核聚变反应需要满足的三个条件：足够高的"温度"；足够高的高能粒子密度，有效增加单位空间中的核反应数量；维持高能粒子的高密度，引发可持续的聚变反应。

6.2.2 ITER 与 Tokamak

针对这两方面挑战对应的 3 个必要条件，目前可控核聚变主要是通过磁约束核聚变实现：通过强磁场约束高能粒子电荷分离产生的等离子体，使其与反应容器壁隔离并形成稳定的等离子体流，通过多种加热方式使等离子体流达到核反应条件，发生持续的聚变反应。在磁约束聚变研究中，目前最重要的装置位形为 Tokamak 方案，如图 6-1 所示它是一种利用磁线圈加热和约束等离子体，在真空室中实现受控核聚变的环形容器[6,7]。国际热核聚变实验堆计划（ITER）装置处于磁约束聚变研究的最前沿，属于大型 Tokamak 装置。对于 ITER 计划国际热核聚变实验堆这样的大型 Tokamak 装置，其主体主要包括真空容器、三大磁场线圈（中心螺线管、环向场线圈、极向场线圈）、磁体冷却系统等部分。

真空室是 Tokamak 装置的反应容器，内壁有用于隔离辐射的屏蔽层和小部分用于吸收聚变能产热实验的包层，此外设有 44 个窗口，用于加热、诊断和真空系统。磁体系统是 Tokamak 产生和约束等离子体的关键。为了实现更高的磁场，ITER 计划的磁体部分全部使用超导设计。其中心螺线管用于通过电磁感应使初始等离子体发生雪崩式电离，产生足够的等离子体电流。环向场线圈用于在环形真空室中产生环形磁场，约束等离子体电流。极向场线圈用于约束和调整等离子体的形状。磁体冷却系统用于维持超导磁体系统的温度，使其处于超导工作状态。在 Tokamak 主体之外，出于对等离子体的监测和控制需求，还需要大量的辅助系统，包括进气控制系统、真空泵系统、辅助加热系统、诊断系统等。

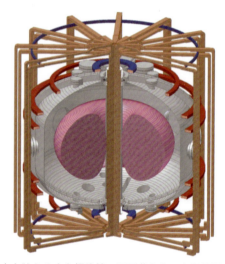

中心棕色为中心螺线管，周围黄色为环向场线圈，红色为极向场线圈。

图 6-1 托卡马克的磁体结构

国际热核聚变实验堆 ITER 计划的完整工作过程充分体现了基于 Tokamak 的聚变电站的特点，由多个系统配合完成。首先燃料气体被注入真空室内，并通过多种可能的方式预电离，产生等离子体种子；中心螺线管中电流快速变化，引起燃料气体雪崩式电离，并通过中心螺线管和微波加热等手段，使等离子体不断"升温"；在等离子体产生前后，选择合适的时机在环向磁场和极向磁场中通入变化电流，约束等离子体成为环绕真空室运行的特定位形等离子体电流；在达到反应条件并发生聚变反应后，反应产生的高能中子携带反应释放的能量冲撞真空室包层，将能量转化为热能；热能经由水蒸气转化为动能，带动蒸汽涡轮机发电。

6.2.3 ITER 计划的科学目标

国际热核聚变实验堆（ITER）计划项目的主要目标是验证现有理论研究和 Tokamak 装置实验得出的外推成果，探索可控核聚变商业化发电的可能性。对于采用 Tokamak 位形的聚变装置，依据现有理论推算，其能实现的等离子体参数（包括温度等）和装置的尺度存在明显的正相关关系，因此建设更大的装置对于可控核聚变的探索有必要意义。ITER 计划远超过现有 Tokamak 装置的体积，非常有希望在氘氚燃料聚变反应中超过能量输入输出平衡的临界值，帮助人类更了解核聚变商业电站的工程可行性。

6.2.4 ITER 的国际合作和可控核聚变的未来

国际热核聚变实验堆（ITER）计划旨在实现从聚变实验堆向示范电站（DEMOnstration power plant，DEMO）的中间过渡，是迄今为止人类最有雄心的计划之一，需要全世界的通力合作，也是我国以平等、全权伙伴身份参加的迄今为止规模最大的国际科技合作项目[8]。参与各国相互分享新增知识产权，同时尊重各成员原有的知识产权，可以通过谈判商定。

国际热核聚变实验堆（ITER）计划的国际合作具有高度复杂性，其涉及范围之广，涉及内容之深，在人类工程史上都让人叹为观止。ITER 计划项目不仅仅是全人类科学界和工程界的通力合作，也是一项复杂的政治和社会行为。在 ITER 计划项目一波三折的协商过程中，人类逐渐探索出了一套可行的面向国际大科学工程合作的准则。这一项目的落地，也是全人类国际科学合作的高光时刻，对于未来的国际合作有着极其重要的意义。

相比于 ITER 计划项目作为政治和社会行为的曲折经历，可控核聚变的探索更是一条漫漫长征路。ITER 计划项目是人类历史上前所未有的复杂实验，但 ITER 计划的落地并不代表着人类距离可控核聚变的利用已经近在咫尺。可控核聚变从多个维度挑战着当代人科学认知的极限和技术的极限，无论是物理层面、材料层面还是工程技术层面，"人造太阳"的梦想始终犹抱琵琶半遮面地挂在人类科学技术的地平线上。但追逐太阳的过程并非原地踏步，站在这落脚点上回首，通过半个多世纪以来的探索和追逐，我们对聚变的认知已经不可同日而语。我们应当相信，只要人类坚持不懈地追逐，"人造太阳"终将升起。

参考文献

[1] ITER Organization. What is iter? [EB/OL]. [2022-09-24]. https://www. iter.org/proj/inafewlines.

[2] 中国国际核聚变能源计划执行中心. 中国与 ITER 计划 [EB/ OL]. [2022-09-24]. http://www.iterchina.cn/.

[3] ITER Newsline. World dignitaries celebrate a collaborative achievement [EB/OL]. [2022-09-24]. https://www.iter.org/newsline.

[4] SciTechDaily. Fusion energy era: ITER assembly begins-world's largest science project to replicate the fusion power of the sun [EB/OL]. [2022-09-24]. https://scitechdaily.com/fusion-energy-era-iter-assembly-begins/.

[5] ITER Organization. New schedule agreed for Iter fusion project [EB/OL]. [2022-09-24]. https://www.world-nuclear-news.org/NN-New-schedule-agreed-for-Iter-fusion-project-2111164.html.

[6] 科研圈. 世界最大"人造太阳"今天启动组装！35 国历时 14 年共建国际热核聚变实验堆 ITER，中国建造多个核心部件 [EB/OL]. [2022-09-24]. https://mp.weixin. qq. com/s/fB5B2MFlF7nDZl0d45pvfg.

[7] DeepTech 深科技. 史上最具野心的核聚变装置开始组装！中国作为主要成员国，参与核心组件制造 [EB/OL]. [2022-09-24]. https:// mp.weixin. qq.com/s/RTRTRwK2 pPugATkmpI7WbQ.

[8] 中科院等离子体所. ITER 未来｜追逐聚变能源梦想：ITER 计划中的等离子体所智慧和力量 [EB/OL]. [2022-09-24]. https://mp.weixin.qq.com/s/fYYRQtUxNx 3oq_gODF7Tag.

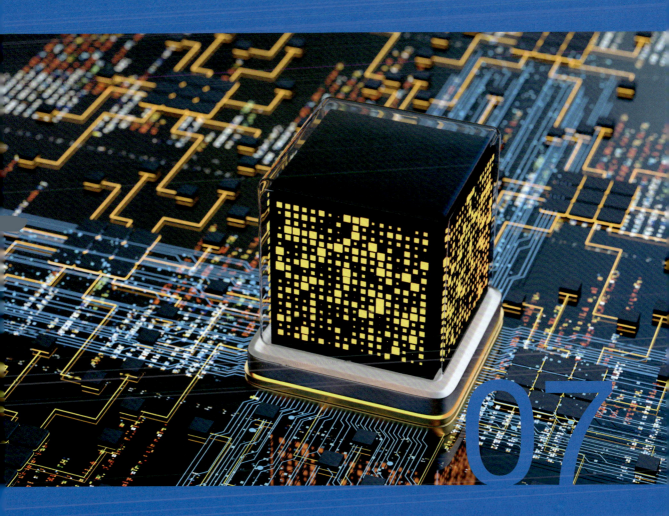

第 7 章

全新计算模式，量子计算成为新一代的颠覆性信息技术

对于特定的计算任务，即便是在世界上最强大的超级计算机上运行任何已知的算法，都不可能在可接受的时间范围内完成任务。通过引入量子力学的全新计算模式，以量子比特作为信息编码和存储的基本单元，量子计算具备极大超越经典计算机运算能力的潜力。量子计算为人工智能、密码分析、气象预报、资源勘探、药物设计等所需的大规模计算难题提供了解决方案，并可揭示量子相变、高温超导、量子霍尔效应等复杂物理机制，其将成为新一代的颠覆性信息技术。

7.1 量子计算大事记

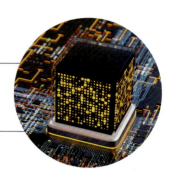

1976
量子信息论的提出

波兰物理学家 Roman Stanisław Ingarden 发表题为《量子信息论》的开创性论文，表明香农信息论不能直接推广到量子情况。

1980
Benioff 提出量子计算

美国阿贡国家实验室的 Paul Benioff 提出了图灵机的量子力学模型，标志着量子计算这一科学领域的诞生。

1981
Feynman 正式提出量子模拟

1981 年 5 月，美国物理学家 Richard Phillips Feynman 在麻省理工学院举办的"第一届物理与计算会议"上提出用量子系统的量子计算机模拟量子系统。之后，他把会议中的观点写成论文《计算机模拟物理》(Simulating Physics with Computers)，并发表在期刊《国际理论物理杂志》(International Journal of Theoretical Physics) 上。

1992
D-J 算法的提出

David Deutsch 和 Richard Jozsa 提出了 Deutsch–Jozsa 算法，证明量子计算机能够比任何经典计算机更有效地执行一些定义明确的计算任务，开启了量子计算飞速发展的大幕。

1994
Shor 算法的提出

1994 年，美国科学家 Peter Williston Shor 提出用于分解大数质因子的量子算法，被称为 Shor 算法。该算法利用量子傅里叶变换，将此问题归约为求阶问题，即求一个小于被分解数 N 且与 N 互质的随机数 a 的阶。Shor 算法不仅是一个真正意义上把 NP 问题化为 P 问题的算法，在计算机科学史上对回答"P 与 NP 问题"具有重要意义，而且还充分展示了量子计算机的巨大潜力和关键战略地位，给非对称加密（Rivest-Shamiz-Adleman，RSA）密钥体系敲响了警钟。自此，世界科技强国，尤其是美国开始重视量子计算的发展。

1996
Grover 算法的提出

贝尔实验室的 Lov Grover 发明了 Grover 搜索算法（quantum database search algorithm）。该算法被公认为继 Shor 算法后的第二大算法。

2004
首次展示五光子纠缠

中国科学技术大学潘建伟研究组首次实现了国际上长期以来公认的高难课题"五粒子纠缠态的制备与操纵"，并利用五光子纠缠源在实验上演示了一种更新颖的量子态隐形传输。该成果标志着我国在量子信息研究领域跃居国际领先水平。

2008
HHL 算法的提出

麻省理工学院科学家 Aram Harrow、Avinatan Hassidim 和 Seth Lloyd 联合设计了 HHL 算法，即线性方程组的量子算法，该算法旨在对给定线性方程组的解向量的标量测量结果，与经典算法相比实现了指数级的加速。

2010
第一个量子计算机商用系统

加拿大 D-Wave 系统公司发布了第一个量子计算机商用系统 D-Wave One。它采用了量子退火技术，使用 128 量子比特，四倍于之前的 Orion 原型机。量子退火机这种非通用量子计算机走向商用，使通过量子计算盈利成为可能，增强了工业界对量子计算获得进一步发展的信心，为量子计算机产业化奠定基础。

2014
实现远距离固态量子比特的量子隐形传态

荷兰代尔夫特理工大学的科维理纳米科学研究所的物理学家们，实现远距离固态量子比特之间的无条件量子隐形传态，这被视为是迈向量子互联网的重要一步。

2016
全球首颗量子科学实验卫星

我国"墨子号"卫星顺利发射，作为全球首颗量子科学实验卫星，圆满完成量子密钥分发等 3 大科学目标，刷新了我国在量子通信领域研究的国际地位。

2017
实现地对卫星量子隐形传态

中国科学技术大学潘建伟研究组首次实现从地面观测站到低地球轨道卫星的纠缠光子发射，量子隐形传态实验通信距离达 1 400 千米。

2019

第一台独立量子计算机

1月，国际商用机器公司（IBM）发布了世界上第一台独立的量子计算机 IBM Q System One。

谷歌发布"悬铃木"

10月，谷歌设计、构建了包含53个可用量子比特的可编程超导量子处理器，命名为"悬铃木"。在随机线路采样这一特定任务上，"悬铃木"展现出超过世界上最先进超级计算机的能力，据此，谷歌率先宣布实现了"量子优越性"。

2020

光量子计算机"九章"问世

2020年末，中国科学技术大学潘建伟研究组和陆朝阳研究组构建了76个光子的量子计算原型机"九章"并利用它通过"高斯玻色采样"实验实现了光量子计算机的优越性，这是第二个经典计算机在特定任务上被量子计算机超越的实例。

2021

超导量子计算机"祖冲之二号"问世

2021年，中国科学技术大学潘建伟研究组和朱晓波研究组在先前"祖冲之号"超导量子计算机的基础上，利用新开发的"祖冲之二号"重复谷歌量子 AI 团队的工作，实现了更强的量子优越性，使我国成为继美国之后第二个实现超导体系量子优越性的国家，同时也成为目前唯一实现光子、超导两种体系量子优越性的国家，巩固了我国在量子信息领域的领先地位。并且，此项工作有效地回应了学界对量子优越性的质疑，极大地鼓舞了人心。

实现量子纠错"完美编码"

中国科学技术大学潘建伟、朱晓波、陈宇翱研究组、清华大学马雄峰研究组，以及牛津大学等机构的科学家们用超导量子比特，对五量子比特纠错码进行了实验探索，在超导量子系统上验证了用超导量子比特实现量子纠错码的可行性。

实现量子中继器核心加速步骤

清华大学交叉信息研究院段路明研究组，首次在实验中实现了量子中继协议中的两个中继模块间的高效纠缠连接，展示了量子中继模块连接效率的规模化提升。这对于推动量子中继器实用化，进而实现量子通信落地具有重要的意义。

提出环境比特对双量子比特门操作影响的实验解决方案

清华大学交叉信息研究院段路明利用可调耦合的多量子比特系统首次实验研究了环境比

特对于交叉共振逻辑门（Cross-resonance，CR）的影响并提出了实验解决方案。该实验结果对未来大规模超导量子计算和模拟中比特频率和耦合强度等参数的设计与控制提供实验参考和解决方案。

2022
首次制备飞行微波光子的多体"薛定谔猫"态

清华大学交叉信息研究院讲席教授段路明、副研究员张宏毅研究组在微波量子信息处理领域取得进展，首次借助超导量子电路，成功制备相干态飞行微波光子的多体"薛定谔猫"态，使基于微波光子的量子网络和模块化量子计算成为可能。

发现量子计算可能对经典对称密码形成致命威胁

清华大学、北京量子信息科学研究院龙桂鲁教授、王泽国博士、魏世杰博士和英国南普顿大学 Lajos Hanzo 院士提出了一个对称密码算法的量子攻击方案，有可能对对称加密算法（Data Encryption Standard，DES）等对称加密算法形成致命威胁，从而影响对称密码算法在量子计算时代的安全性。

7.2 新一轮信息技术革命的战略制高点：量子计算机

从 1900 年量子物理面纱的揭开，到 21 世纪初量子信息领域的迅猛发展，"量子"这一概念已经陪伴了人类超过两个甲子的时间。经过漫长而艰辛地探索，量子计算在信息安全、人工智能、化学工业、材料工业等领域展现出巨大的应用前景。

量子计算机技术，这种利用量子系统的叠加和纠缠特性处理信息的新兴技术，成为新一轮信息技术革命的战略制高点[1]。为了抢占这一制高点，近年来，各国出台相应法案、政策、战略，新企业如雨后春笋般萌发。同时，多家信息技术巨头竞相布局，量子计算呈现出走向产业化的新气象。下面将简单分析各国量子计算发展的历史、现状，探讨其未来走势和关键技术，解释超导量子计算机的重要战略意义。

7.2.1 量子科技时代已来

量子计算发源于美国。在前人有关量子信息理论工作的基础上，1980 年 Paul Benioff 提出量子计算机并给出其哈密顿量模型[3]。1981 年 Richard Phillips Feynman 在麻省理工学院举办的第一届计算物理学会议上提出用量子计算机模拟物理系统[4]。1994年Shor提出用量子计算实现大数质因子分解算法，对非对称加密（RSA）密钥体系构成威胁[5]。自此，量子计算对国家信息安全的重要性日益凸显，量子计算硬件研究提上日程。2020年5月以来，美国相继提出的《无尽前沿法案》《NSF未来法案》《确保美国科学技术全球领先法案（2021年）》把量子计算的研究提升到了国家战略的高度[6]。

而实际上，美国高校和企业走在了美国政府的前面。加州大学圣塔芭芭拉分校在超导量子比特transmon[7]的基础上发展出了操控性和扩展性更好的Xmon[8]，并与谷歌合作于2019年宣布在包含53个Xmon量子比特的Sycamore芯片上实现量子优越性[9]。之后，国际商业机器公司（IBM）发布127比特的超导量子处理器Eagle，并将其推广到云平台。国际商业机器公司（IBM）更是发布了野心勃勃的技术路线图[10]，计划在2025年实现超过4 158位比特的超导量子计算机。谷歌则计划在2029年达到一百万位超导量子比特。

除了国际商业机器公司（IBM）、谷歌等大型IT企业在超导量子计算领域开拓前沿，美国一些新兴企业也开始发力。成立于2013年的Rigetti Computing公司于2021年12月15日发布了其新一代多芯片80量子比特Aspen-M量子处理器以及基于单芯片40量子比特处理器的量子计算系统Aspen[12]。图7-1是超导量子处理器的概念图。

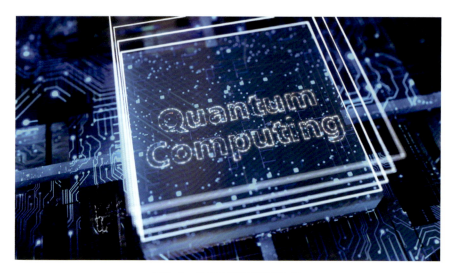

图7-1　超导量子处理器概念图

7.2.2　中国：从并跑到领跑

随着量子信息学的发展，我国逐渐认识到了量子科技在推动社会经济发展和维护国家安全方面的巨大作用。2020年10月16日，习近平总书记在主持中共中央政治局第二十四次集体学习时强调，"要充分认识推进量子科技发展的重要性和紧迫性，加强量子科技发展战略谋划和系统布局，把握大趋势，下好先手棋"[13]。2021年3月13日，中国在《中华人民共和国国民经济和社会发展第十四个五年规划和2035年远景目标纲要》[14]中提出：

1)聚焦量子信息等重大创新领域组建一批国家实验室,重组国家重点实验室,形成结构合理、运行高效的实验室体系。

2)瞄准量子信息等前沿领域,实施一批具有前瞻性、战略性的国家重大科技项目。

3)在量子信息等前沿科技和产业变革领域,组织实施未来产业孵化与加速计划,谋划布局一批未来产业。

4)加快布局量子计算、量子通信等前沿技术,加强信息科学与生命科学、材料等基础学科的交叉创新,支持数字技术开源社区等创新联合体发展,完善开源知识产权和法律体系,鼓励企业开放软件源代码、硬件设计和应用服务。

5)深化军民科技协同创新,加强量子科技等领域军民统筹发展,推动军地科研设施资源共享,推进军地科研成果双向转化应用和重点产业发展。

伴随着党和国家对量子计算的布局,学术界也产出了一批优秀的科研成果。2021年6月,中国科学技术大学潘建伟研究组利用包含66比特的超导量子处理器"祖冲之二号"实现了强量子优越性[15],有力地回应了外界对量子计算机算力(包括谷歌演示的量子优越性实验)的质疑。"祖冲之二号"和"九章"[16]使中国成为世界上目前唯一实现了两种量子计算机(光子和超导)的量子优越性的国家,而且在量子计算领域使中国的量子科技水平从和美国并跑开始向领跑世界转变。

中国科学技术大学不仅在学术上紧跟世界前沿、创造前沿,还孕育了国盾量子(科大国盾量子技术股份有限公司)和本源量子(合肥本源量子计算科技有限责任公司)这两家知名的量子科技企业。本源量子于2017年成立,相继发布了"本源悟源"超导量子计算机、"夸父"系列超导量子处理器、"本源司南"量子计算机操作系统、"本源坤元"量子芯片版图自动化设计软件等重要产品,是国内量子计算产业化的先驱。国盾量子于2009年成立,初期主要从事量子保密通信产品的研发、生产、销售及技术服务,近年来布局了量子计算等领域科研仪器的研发、生产和集成服务,其研发的ez-Q Engine量子测控系统用于完成"祖冲之二号"的量子优越性实验。图7-2是量子芯片的概念图。

图7-2 量子芯片概念图

除中国科学技术大学外,浙江大学、南方科技大学、中国科学院大学物理所、南京大学、北京量子信息科学研究院、清华大学等中国高校和研究所也在超导量子计算领域做出了优秀的成绩。

7.2.3 其他国家：积极参与

中美之外参与量子计算竞争的国家基本都是发达国家。加拿大 D-Wave Systems 公司成立于 1999 年，早期从事基于约瑟夫森结超导电路的量子退火机（一种专用量子计算机）的研发和销售。但量子退火机只能执行一些优化算法，不能像门型量子计算机（即前文美国、中国开发的超导量子计算机）用于通用量子计算，因此，2021 年 10 月 5 日 D-Wave Systems 顺势宣布启动门型量子计算机研发，并计划在 2023 年或 2024 年推出 60 量子比特的门型量子计算机[18]。2021 年 11 月 30 日，芬兰国家技术研究中心（VTT）和量子计算公司 IQM 在 Micronova 开始运行 5 比特超导量子计算机[19]，并计划在 2024 年推出 50 比特超导量子计算机。2022 年 2 月 28 日，英国牛津量子电路公司（Oxford Quantum Circuits）在亚马逊的 Amazon Braket（一种完全托管式量子计算服务平台）上发布 8 比特超导量子计算机"露西"（Lucy）[20]。以色列、日本、西班牙、澳大利亚、荷兰、法国、德国等国在量子计算上也有所行动。

7.2.4 量子计算机的关键应用

量子解密

信息安全是国家安全体系的重要组成部分。由于量子计算机具备破解非对称加密算法（RSA）等广泛使用的密钥体系的潜力[22,23]，针对能抵抗量子计算机攻击的抗量子密码的研究至关重要。而率先研发出破解非对称加密算法（RSA）密钥体系的国家，除了在获取其他国家的情报上具备先发优势，还可以利用强大的量子计算机的算力攻击抗量子密码（也称"后量子密码"）体系，以验证其有效性，确保量子信息时代的信息安全。所以，量子计算机不仅是经典信息时代的"矛"，还是构建量子信息时代的"盾"的得力助手。

量子模拟

利用量子计算机模拟物质基本结构（原子核、电子、原子、分子等）的相互作用，能够服务于人类操控物质生产。量子计算机将得到化工、制药、材料等需要深入了解原材料微观结构变化规律的行业的重用，进而提高社会生产力。给各行业提供量子计算机算力的公司，是否盈利取决于这些行业是否因为使用量子计算机而增加了利润。利润体现了量子模拟的经济价值。在经济价值之外，量子模拟的社会价值依然不可忽视，它依然会成为科研利器，推动人类对物质结构的深入理解，是人类文明的宝贵财富。

量子人工智能

在量子计算机中能够实现量子态叠加和纠缠的量子比特，是经典计算机所不具备的。基于量子计算机的人工智能研究将开辟新的人工智能发展路径，为社会提供新型算力。

参考文献

[1] 郭国平. 量子计算政策发展与应用研究综述 [J]. 人民论坛·学术前沿，2019, **7**: 57-63.

[2] Argonne National Laboratory. Remembering paul benioff: renowned scientist and quantum computing pioneer [EB/OL]. [2022-08-14]. https://www.anl. gov/article/ remembering-paul-benioff-renowned-scientist-and-quantum- computing-pioneer.

[3] Benioff P. The computer as a physical system: A microscopic quantum mechanical Hamiltonian model of computers as represented by Turing machines [J]. *J statist phys*, 1980, **22**(5): 563-591.

[4] Feynman R P. Simulating physics with computers [M]//Feynman and Computation. CRC Press，Florida，2018: 133-153.

[5] Shor P W. Algorithms for quantum computation: Discrete logarithms and factoring [C]// *Proceed 35th Annu Symp Found Comput Sci*. IEEE, Santa Fe, NM, USA，1994: 124-134.

[6] 吕凤先，刘小平. 美国加大基础研究投入确保其科学技术的全球领导地位 [J]. 科学观察，2021, **16**(4): 63-69.

[7] Koch J, Terri M Y, Gambetta J, et al. Charge-insensitive qubit design derived from the Cooper pair box [J]. *Phys Rev A*, 2007, **76**(4): 042319.

[8] Barends R, Kelly J, Megrant A, et al. Coherent Josephson qubit suitable for scalable quantum integrated circuits [J]. *Phys Rev Lett*, 2013, **111**(8): 080502.

[9] Arute F, Arya K, Babbush R, et al. Quantum supremacy using a programmable super-conducting processor [J]. *Nature*, 2019, **574**(7779): 505-510.

[10] IBM. IBM quantum development roadmap [EB/OL]. [2022-08-14]. https://www.ibm. com/quantum/ roadmap.

[11] Mashable India. Google claims it has achieved quantum supremacy with its Sycamore processor [EB/OL]. [2022-08-14], https://in.mashable.com/tech/ 7887/ google-claims-it-has -achieved-quantum-supremacy-with-its-sycamo re-processor.

[12] GlobeNewswire. Rigetti computing announces next-generation 40Q and 80Q quantum systems [EB/OL]. [2022-08-14]. https://www.globe newswire.com/news -release/2021/12/15/2352647/0/en/Rigetti-Computing-Announces -Next-Generation-40Q-and- 80Q-Quantum-Systems.html.

[13] 新华社. 习近平主持中央政治局第二十四次集体学习并讲话 [EB/OL]. [2022-08-14]. http://www.gov.cn/xinwen/2020-10/17/content_5552011.htm.

[14] 国务院新闻办公室. 中华人民共和国国民经济和社会发展第十四个五年规划和2035 年远

景目标纲要 [EB/OL]. [2022-08-14], http://www.gov.cn/xinwen/ 2021-03/13/ content_5592681.htm.

[15] WU Yulin, BAO Wansu, CAO Sirui, et al. Strong quantum computational advantage using a superconducting quantum processor [J]. *Phys Rev Lett*, 2021, **127**(18): 180501.

[16] ZHONG Hansen, WANG Hui, DENG Yuhao, et al. Quantum computational advantage using photons [J]. *Science*, 2020, **370**(6523): 1460-1463.

[17] 快科技. 中国量子芯片产线即将落地：对标 IBM、英特尔 [EB/OL]. [2022-08-14]. https://news.mydrivers.com/1/750/ 750040.htm.

[18] D-Wave. Let's get practical: D-wave details product expansion, cross-platform roadmap [EB/OL]. [2022-08-14]. https://www.dwavesys.com/company/ newsroom/press-release/let-s-get-practical-d-wave-details-product-expansion-cross-platform- roadmap/.

[19] VTT Technical Research Centre of Finland. Finland's first 5-Qubit quantum computer now operational [EB/OL]. [2022-08-14]. https://www.vttresearch.com/en/news-and-ideas/finlands-first-5-qubit-quantum- computer-now-operational.

[20] Oxford Quantum Circuits. OQC first European quantum on braket [EB/OL]. [2022-08-14]. https://oxfordquantumcircuits.com/oqc- first-european-quantum-on-braket.

[21] Tech Taffy. Quantum computing company D-wave releases open source qbsolv tool [EB/OL]. [2022-08-14]. https://www.techtaffy.com/quantum-computing-company-d-wave-releases-open-source-qbsolve-tool/.

[22] Gidney C, Ekerå M. How to factor 2048 bit RSA integers in 8 hours using 20 million noisyqubits [J]. *Quantum*, 2021, **5**: 433-434.

[23] Gouzien E, Sangouard N. Factoring 2048-bit rsa integers in 177 days with 13436qubits and a multimode memory [J]. *Phys Rev Lett*, 2021, **127**(14): 140503.

第 8 章

连接有机生命与计算设备，脑机接口重建大脑损伤环路

持续加重的老龄化和高发的脑疾病等问题，会给人们在环境感知、情感表达等方面带来诸多困难。脑机接口在有机生命神经系统与电子计算设备之间创建信息交换的连接通路，实现大脑损伤环路的重建，如应用于重症瘫痪患者实现重新行走，改善患者生活质量；更进一步甚至可以实现大脑增强，如科幻小说中描述的记忆增强、意识上传等。随着脑科学、信息科学、材料科学的综合进步，脑机接口有望替代由于损伤或疾病而丧失的表达输出，从而彻底改变人类的心灵世界、思维模式和行为方式。

8.1 脑机接口大事记

1924
首次发现脑电波

1924 年 6 月，德国耶拿大学的神经内科专家 Hans Berger 在一名 17 岁颅骨缺陷的病人头皮上记录到了电流计镜面的微小振动，而这个极微小的电流，正是人类历史上第一次记录到的人脑的电活动，之后发表论文《关于人类脑电图》(Über das Elektrenkephalogramm des Menschen)。

1969
研究人员将猴脑神经元连接到仪器盘

1969 年，德裔美国神经学家 Eberhard Fetz 将猴子大脑中的一个神经元连接到仪表盘。当神经元被触发的时候，仪表盘的指针会转动，完成了人类历史上第一个真正的脑机接口实验。

1973
"脑机接口"（BCI）成为学术词汇

1973 年，加州大学洛杉矶分校计算机科学家 Jacques J. Vidal 率先使用了"脑机接口"一词来形容一个可以将脑电信号转化为计算机控制信号的系统。他发表了有关"直接脑机交流"的开创性理论和技术建议，创造了脑机接口（Brain-computer Interface，BCI）一词，将其用于基于视觉事件相关电位的脑机接口系统中，并给出了沿用至今的标准定义。

1978
研究人员在盲人视觉皮层植入 68 个电极阵列

1978 年，美国视觉脑机接口领域的先驱——William Dobelle 在一位男性盲人的视觉皮层植入了 68 个电极构成的阵列，眼镜上装置的一个小型照相机将信号发送到一台计算机解码，成功制造了光幻视（又称眼内闪光，是视网膜受到刺激时产生的感觉）。

1988
研究人员提出经典的 P300 脑机接口刺激范式

1988 年，美国伊利诺伊大学的 L. A. Farwell 和 E. Donchin 发表论文《飞跃大脑上限畅谈：利用与事件相关的大脑电位获得精神上的义体》(Talking off the Top of Your Head: Toward a Mental Prosthesis Utilizing Event-Related Brain Potentials)

提出了著名的"P300 拼写器"，并得到了广泛的应用，该范式通过检测电位输出目标字符，帮助瘫痪病人与外界进行通信和交互。

1998
首次将脑机接口装备植入人体内

1998 年，埃默里大学研究人员 Philip Kennedy 首次将脑机接口装备植入人体内，通过对脑部进行手术，可以用电线将人脑和大型主机相连，实现了人脑对电脑光标的远程控制，研究人员称这项技术为"大脑之门"（BrainGate），是脑机接口（BCI）研究的一大里程碑。

2000
研究人员从猴子大脑皮层成功获取脑电信号

2000 年，杜克大学教授 Miguel Nicolelis 在《自然》（Nature）发表了文章《灵长类动物皮层神经元群手部轨迹实时预测》（Real-time Prediction of Hand Trajectory by Ensembles of Cortical Neurons in Primates），这一项开创性工作利用在猴子大脑皮层成功获取的脑电信号实时控制千里之外的机器人，真正实现了猴子思考，机器人做（Monkey Think，Robot Do）。这项成果推动了人类对神经网络学习机制的理解，标志着人类向可控性假肢迈出的第一步。

2004
实现通过侵入式脑机接口来控制机械臂

2004 年，美国 Cyberkinetics 公司的"犹他电极"获得了美国食品药物监督管理局批准，在 9 位患者身上展开了运动皮层脑机接口临床试验。四肢瘫痪的 Matt Nagle 成为了第一位用侵入式脑机接口来控制机械臂的病人。这标志着 BCI 技术正式由科研走向临床。

2014
一名瘫痪的巴西年轻人，在首个脑控下肢机械外骨骼的帮助下为世界杯开球

2014 年，美国杜克大学医学院神经生物学教授 Miguel Nicolelis 设计了首款脑控外骨骼"Bra-Santos Dumont"，首次实现了在大脑控制外骨骼活动的同时将触感、温度和力量等信息反馈给佩戴者。在当年的巴西世界杯上，一位身披"机械战甲"的截瘫少年用意念开出了第一球。

2016
创造猴脑打字纪录

2016 年 9 月，斯坦福大学神经修复植入体实验室的研究者们在两只猴子大脑内植入了脑机接口。通过训练，其中一只猴子创造了新的大脑控制打字的纪录——1 分钟内打出了莎士比亚的经典台词"存在或毁灭，这是个问题（To be or not to be，that is the question）。"

凭借脑电波在三维空间内实现物体控制

2016 年 12 月，美国明尼苏达大学的贺斌教授团队在没有大脑电极植入的情况下，利用

头皮脑电实现了控制复杂三维空间中的物体，包括操纵机器臂抓取、放置物体和控制飞行器飞行。该研究成果有望帮助上百万的残疾人和神经性疾病患者。

2017
利用运动区神经元控制信号实现脑机接口快速打字

2017年2月，美国斯坦福大学电气工程教授Krishna Shenoy和神经外科教授Jaimie Henderson发表论文《与瘫痪人群进行高效沟通皮层内脑机接口》(*High Performance Communication by People with Paralysis Using an Intracortical Brain-Computer Interface*)。文章指出他们开发了一种新的脑机接口，实现了脑区神经元"运动手和手臂"信号的解码并提供了对计算机光标的点击式控制，仅仅通过简单的想象就可以让几名瘫痪人士控制电脑光标精准快速地打字。

2019
研究人员通过解码器将大脑信号转换为语音信息

2019年4月，加州大学旧金山分校（UCSF）的神经外科学家张复伦教授与其同事发表论文《口语语句神经解码语音合成》(*Speech Synthesis from Neural Decoding of Spoken Sentences*)。他们开发了一种解码器，该解码器能够通过提取控制发声运动脑区的神经活动来实现语音的合成，即使受试者不发出声音读句子，也能实现语音合成。同年7月，该研究团队展示了基于高密度皮质脑电信号模拟的自然问答对话系统，该系统利用在对话中记录下的脑信号，能够确定受试者何时在听说，且能够预测所听说的内容是什么。

2020
研究人员实现中国侵入式BCI临床"零的突破"

2020年1月，浙医二院与浙江大学团队对一位高位截瘫患者植入犹他电极，患者通过意念控制机械臂实现进食和饮水等动作，由此实现了中国侵入式脑机接口（BCI）临床"零的突破"。

2022
开发高速通信的微创植入脑机接口

2022年7月，清华大学医学院生物医学工程系洪波课题组和解放军总医院功能神经外科合作，发表论文《精准定位的视觉运动响应驱动的颅内脑机接口打字》(*Intracranial Brain-Computer Interface Spelling Using Localized Visual Motion Response*)。他们通过手术前的功能磁共振影像精准定位目标脑区，只用3个颅内电极实现了微创植入脑机接口的打字功能，速度达到每分钟12个字符，每个电极的等效信息传输率达到每分钟20比特。

8.2 脑机接口带我们走向"人机合一"

脑机接口，是通过大脑和计算机的连接来把脑中所想直接传输到计算机中的技术。该技术从采集到的脑信号中提取特征，转换成控制信号去控制外部设备，以研究、替换、改善、恢复、增强和补充病人丧失的某些功能，又把结果反馈给作为使用者的病人。双向脑机接口则是在上述基础上，进一步实现从计算机端向大脑传输信号的功能。目前脑机接口的研究还处于初级阶段，但由于在医疗健康、航天、娱乐、教育等方面具有广阔的应用前景，已成为当今科学界的研究热点之一。

8.2.1 脑机接口的分类

根据脑机交互过程中大脑的主观心理活动所起的作用，可以将脑机接口划分为主动式、反应式和被动式三类[1]。主动式脑机接口直接解码大脑信号来读取大脑的思维意图。用户主动想象身体某部位（如想象左右手、腿或舌头）运动，或用意念进行算术或歌唱等行动，诱导大脑产生不同的活动模式，系统通过检测和识别大脑信号，将运动意图转化为输出工作指令，帮助用户控制外部设备实现预期的功能。反应式脑机接口通常以特定方式刺激人的感觉通道，诱发大脑产生不同的脑电信号响应，通过检测、分析与识别后将不同的响应转化为相应的指令输出，目前已实现字符拼写、鼠标操作等功能。被动式脑机接口通过检测脑电信号解读人的情绪、疲劳、脑力负荷等心理、生理状态，以便在人与智能系统之间实现更友好、更舒适、更安全的人机交互，即让外部设备更好地实时适应人的身心精神状态，又可更人性化地高效益地施展其人工智能。

8.2.2 医疗用脑机接口

为肌萎缩型脊髓侧索硬化症患者开发的用于对外交流的听觉式非侵入型脑机接口

使用脑机接口可以构建听觉式听写器。患者脑中想象要输入的字母，计算机每次播放一个字母，患者判断这是否是他所想的字母。系统记录并预处理（过滤）患者的脑电图（Electroence-phalogram，EEG）、眼电图（Electroculogram，EOG）和近红外光谱（Near Infrared Spectrum Instrument，NIRS），并提取区分"是"和"否"答案的每个测量值的特征。使用机器学习算法，例如支持向量机（Support Vector Machine，SVM）或线性判别分析（Linear Discriminant Analysis，LDA）来训练分类器，以便在多次训练后得到区分"是"或"否"答案的最可靠分类。随后，患者将收到机器学习解码答案的反馈。当机器学习对"是"或"否"答案的分类准确率足够高时，就能构成稳定的听觉式拼写器。在此过程中，听觉只是患者获得字母信息的渠道，因此也可能制成视觉式等类型。

使瘫痪病人实现光标控制的"即插即用"脑机接口

"即插即用"脑机接口可以避免反复训练的麻烦，快速实现思维意念的可靠解码。为了让瘫痪患者控制光标，他需要想象特定的脖子和手腕动作，同时看着光标在屏幕上移动。该脑机接口可以对采集的脑电信号经特征提取解码用户移动光标的运动意图。最初，研究人员遵循每天重置算法的标准做法；之后，研究人员切换到允许算法自我更新来使光标运动与由此产生的大脑活动相匹配，而不再每天重新设置它。经过大脑信号和机器学习增强算法之间的持续相互作用，在许多天内性能持续改善。尽管最初每天仍有一些需要弥补的损失，但很快参与者就能够达到顶级水平的表现，即实现了"即插即用"的脑机接口。

使瘫痪病人意念控制机械臂的双向脑机接口

一个因车祸四肢瘫痪的病人因为脊髓损伤而失去了四肢的触觉，通过在他的大脑皮层中植入微型电极阵列并发送微小的电脉冲刺激大脑的感觉区域，可以使他的手的不同部位产生感觉。这种双向脑机接口，不仅可以在之前解码运动意图信号的基础上让他用意念控制机械臂，还可以接收触觉反馈，这种用人工触觉来补充视觉的方式将抓取和转移物体所需的时间缩短了一半。双向脑机接口实现了从想法、操作到反馈的全过程，整个过程如图8-1所示。

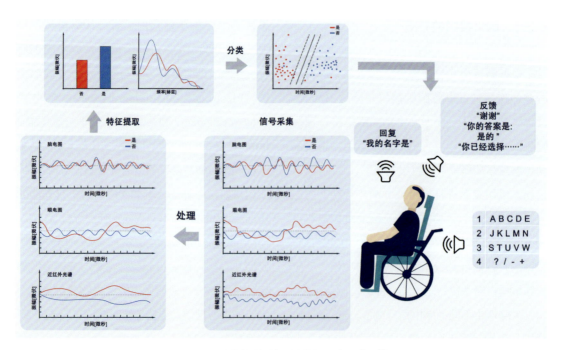

图8-1 听觉式脑机接口训练与反馈全过程[2]

8.2.3 脑机接口的应用领域拓展

众多公司相继成立，并推动了脑机接口技术的发展和推广。其中最著名的当数 Elon Musk 创立的 Neuralink 公司。2021 年 4 月，Neuralink 发布了一篇博客文章和视频，展示了 Neuralink 公司在侵入式脑机接口方面的最新成果：成功通过训练使猴子通过"意念控制"玩游戏。Musk 在个人推特社交账号上表示：Neuralink 的初代产品将会让瘫痪患者使用智能手机的速度比使用手指的用户更快。

目前，美国多家高科技公司如脸书公司（Facebook）、Neuralink 都在着手进行脑机接口的研发及产业布局[5]。世界上许多国家如美国、日本、中国以及欧盟等国际组织也都把脑科学作为科技发展的战略热点，发布了针对脑科学的研究计划。未来脑机接口技术将会更快地不断向前迈进。在中国，清华大学孵化的 NeuraMatrix 公司，也致力于脑机接口技术底层设备的研发，图 8-2 为即插即用脑机接口的工作流程。

8.2.4 脑机接口中的伦理问题

"脑隐私"（Brain Privacy）包括从大脑观测到的概念、记忆、思想和与大脑状况有关的健康信息等[6]。脑信号监控的思想读取正在逐渐将人类头脑中的隐私透明化。有学者指出，将来"脑成像数据结合生活史和遗传信息可以非常准确地预测行为和性格"[7]。目前，已有部分企业开始将功能型核磁共振技术应用于测谎和员工评估，但这可能侵犯了员工的脑隐私权。此外，健康隐私透明化可能带来歧视与偏见。大脑的健康信息如果被应用于就业筛查，可能

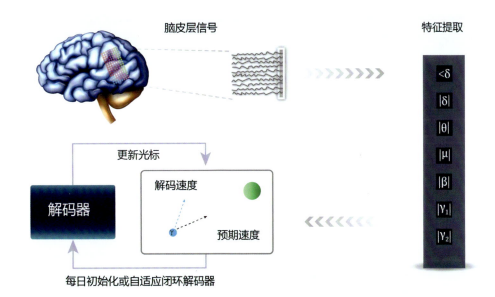

图 8-2 即插即用脑机接口[3]

会成为歧视弱者和扼杀潜力的工具。并且，神经数据泄露可能引起安全危机。"脑间谍软件"（Brain Spyware）可能侵入到大脑和计算机交互的路径当中，意味着攻击者可能会非法访问存储的神经数据，在违反受害人意愿的情况下控制其设备或完全禁用设备，故从技术层面进行加密设计和防病毒保护将至关重要。

参考文献

[1] 明东. 神经工程学 [M]. 北京：科学出版社，2018-2019: 10-11.

[2] Chaudhary U, Mrachacz-Kersting N, Birbaumer N. Neuropsychological and neurophysiological aspects of brain-computer-interface (BCI) control in paralysis [J]. ***J Physiol***, 2021, **599**: 2351-2359.

[3] Silversmith D B, Abiri R, Hardy N F, et al. Plug-and-play control of a brain–computer interface through neural map stabilization [J]. ***Nat Biotech***, 2021, **39**: 326-335.

[4] Flesher S N, Downey J E, Weiss J M, et al. A brain-computer interface that evokes tactile sensations improves robotic arm control [J]. ***Science***, 2021, **372**(6544): 831-836.

[5] 高越. 美国脑机接口技术研究及应用进展 [J]. 信息通信技术与政策，2020(12): 75-80.

[6] Jens C, Neil L. Handbook of Neuroe-Thics [M]. Dordrecht: Springer, 2015: 1-648.

[7] Canli T. When genes and brains unite: Ethical implications of genomic neuroimaging [M] // Judy I. Neuroethics: Defining the Issuesin Theory, Practice and Policy. New York: Oxford University Press，2006: 169-184.

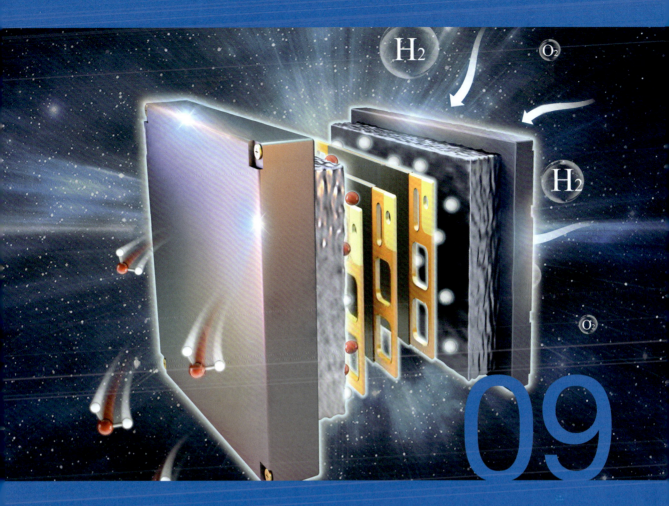

第 9 章

双碳目标推动能源变革，氢燃料电池承载能源革命

人类社会近现代发展以消耗传统能源为主，然而全球油气资源储备有限，在追求快速发展的过程中产生了不可忽视的环境污染与能源短缺问题。氢能是 21 世纪最具发展前景的二次能源之一，也是公认的清洁能源，具有清洁低碳、高热值、高转化率等多方面优势。作为储能载体，氢能具有能量密度高、储能规模大、能量容量成本较小的特点，可作为长时间储能或季节性储能的理想方案。在碳中和背景下，氢能行业的发展对于能源领域节能减排、深度脱碳、提高利用效率有着不可或缺的作用，逐步成为全球能源转型发展的重要载体之一。氢能大规模落地后，将助力实现"双碳"目标，进一步推进能源生产和消费革命，对构建清洁低碳、安全高效的能源体系具有重要意义。

9.1 氢燃料电池大事记

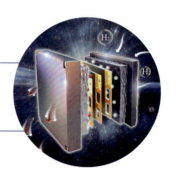

1800
Anthony Carlisle 和 William Nicholson 发现水电解现象

1800 年，英国科学家 Anthony Carlisle 和 William Nicholson 发现通电能使水分解成氢气和氧气（水电解）。

1802
Humphrey Davy 制作燃料电池雏形

1802 年，英国化学家 Humphrey Davy 制作了一个简易燃料电池（$C/H_2O, NH_3/O_2/C$），能产生微弱的电流。

1838
Schönbein 提出燃料电池原理

1838 年，德国化学家 Christian Friedrich Schönbein 最先对燃料电池的现象及原理展开研究，并于 1839 年发表相关研究成果。

1839
Grove 发明氢燃料电池，被视为"燃料电池之父"

1839 年，英国物理学家 William Robert Grove 基于 Schönbein 的理论，将两个铂电极的一端浸没于硫酸溶液中，另一端分别置于氢气和氧气中，检测到铂电极之间的电流流动以及液面上升（水电解的相反过程），Grove 称这种电池为"气体电池"。Grove 因此被称为"燃料电池之父"，1839 年也被视为燃料电池诞生年。

1889
Mond 和 Langer 创造"燃料电池"一词

1889 年，化学家 Ludwig Mond 和 Charles Langer 创造了燃料电池的名称，并试图制造出第一个可实用的燃料电池装置。

1893
Ostwald 完善燃料电池理论

1893 年，德国化学家 Friedrich Wilhelm Ostwald 完善了燃料电池的工作理论，指出燃料电池的关键组成要素：电极、电解质、氧化剂、还原剂、阳离子和阴离子。

1895
Jacques 制造大功率电堆

从 1895 年到 1896 年，英国科学家 William W. Jacques 制作出一个由 100 个管状单电池组成的 1.5kW 的电堆，以及一个约 30kW 的电堆。电堆使用通入空气的圆柱形铁罐作电池阴极，碳棒作电池阳极，采用约 450℃的熔融 KOH 作为游离电解质，获得了良好的电池性能（$100mA/cm^2$，1.0V），这种电池被推荐用于海军的电动舰艇。William W. Jacques 由此成为首个制作大功率电堆的科研工作者。

1921
Baur 研究熔融碳酸盐燃料电池

1921 年，德国科学家 Baur 制造了第一个熔融碳酸盐燃料电池，他尝试直接使用碳取代氢气作为燃料，同时采用熔融碳酸盐作为电解质以保证电解质成分不变，但是低电导率等问题仍然存在。

1939
Bacon 开发碱性燃料电池

1939 年，英国工程师 Thomas Francis Bacon 使用氢气作为燃料，纯氧作为氧化剂，制作了一个以镍为电极材料、以热氢氧化钾溶液为电解质的燃料电池，这款电池最终获得了 $0.85V@0.4A/cm^2$ 和 $0.8 V@1 A/cm^2$ 的良好性能。

20 世纪中期
Grubb 和 Niedrach 开发聚合物电解质燃料电池

1955 年，美国科学家 Thomas Grubb 采用 1 种磺化的聚苯乙烯离子交换膜作为电解质，以此提升燃料电池性能，但是这种膜的化学稳定性和导电性都较差。

1958 年，德国科学家 Leonard Niedrach 提出可在膜上沉积铂作为氢氧化反应和氧化还原反应的催化剂。

60 年代早期，聚合物电解质燃料电池逐渐分为两类：低温质子交换膜燃料电池（工作温度不超过 100℃）和高温质子交换膜燃料电池（工作温度 150～200℃）。图 9-1 是质子交换膜燃料电池的工作原理。

Broers 和 Ketelaar 开发熔融盐燃料电池

1958 年，荷兰科学家 Broers 和 Ketelaar 使用由碳酸锂、钠或钾的混合物组成的电解液浸渍在氧化镁烧结的多孔电极上，该燃料电池工作了 6 个月，工作温度达到 650℃。

碱性燃料电池开始实际应用

英国工程师 Bacon 制造了一台碱性燃料电池作为英国皇家海军潜艇的动力来源。

1959 年，英国工程师 Bacon 发明了一个由 40 节单电池组成的功率 5kW 效率 60% 的燃

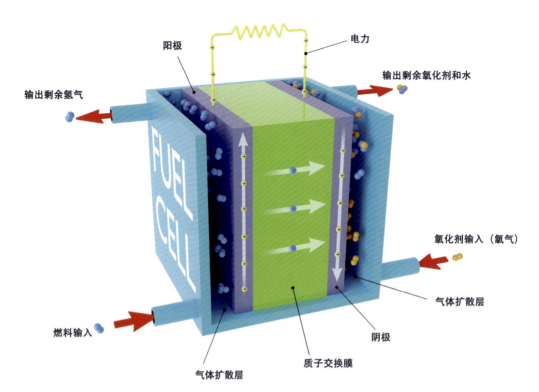

图 9-1　质子交换膜燃料电池结构原理

料电池堆。同年，德国科学家 Harry Ihrig 带领团队制造了一个由 1 008 节燃料电池组成，电解质为氢氧化钾（KOH），使用以丙烷和压缩氢气为主要成分的混合气作为燃料，功率为 15kW 的燃料电池堆用于拖拉机动力。

1962 年，美国普惠公司工程师在 Bacon 的研究基础上改进碱性燃料电池并将其用在了阿波罗飞船项目上。

固体氧化物燃料电池研究进程加快

1959 年，通用电气公司加快了对固体氧化物燃料电池的研究。

1962 年，德国科学家 Weissbart 和 Ruka 采用氧化锆浸渍过的导电陶瓷氧化物作为固体电解质，电池工作温度为 1 000℃。

Elmore 和 Tanner 发明磷酸燃料电池

1961 年，美国科学家 Elmore 和 Tanner 发明了磷酸燃料电池。电解质为 35% 的磷酸和 65% 的硅粉附着于聚四氟乙烯上，电池可直接与空气反应而不再需要提供纯氧，电池在 90mA/cm^2，0.25V 下工作 6 个月没有出现明显的性能衰退。

20 世纪中后期

聚合物电解质燃料电池取得突破性进展

20 世纪 60 年代美国杜邦（DuPont）公司为阿波罗计划所用的燃料电池开发全氟磺酸离子交换膜。

20 世纪 80 年代初加拿大的巴拉德动力公

司（Ballard）将全氟磺酸离子交换膜用于聚合物电解质膜燃料电池，这种膜具有良好的热稳定性、化学稳定性和离子传导特性，这种膜的运用使聚合物电解质燃料电池的性能得到大幅提升。

20 世纪后期
燃料电池开始应用于汽车

1966 年通用汽车公司推出了全球第一款燃料电池汽车 Electrovan，该车动力系统由 32 个串联薄电极燃料电池模块组成，持续输出功率为 32kW，峰值功率为 160kW。

1993 年巴拉德动力公司（Ballard）展示了一辆零排放，最高时速为 72km/h 的质子交换膜燃料电池汽车。

2000 年之前，燃料电池汽车产业对于发展氢燃料电池汽车处于概念设计及原理性认证阶段，主要以概念车形式推出氢燃料电池汽车。

2007
本田推出第一款量产燃料电池车型

2007 年，本田（Honda）宣布量产 FCX Clarity，该车成为第一款量产的燃料电池汽车。

2014
燃料电池汽车的元年

2014 年现代的 Tucson FCV 和丰田的 Mirai 这两款燃料电池车型实现量产并推向市场，因此，2014 年被定义为燃料电池汽车的元年。

2017
奔驰推出首款插电式燃料电池技术量产车

2017 年，奔驰推出世界首款插电式燃料电池技术量产车 GLC F-Cell EQ Power，该车的续航里程最高达 483 千米。

2020
亿华通成为"氢能第一股"京津冀地区开展氢能示范

2020 年，由清华大学支持培育的北京亿华通科技股份有限公司在上交所科创板上市，成为科创板氢能第一股。亿华通获得全球首个百台级燃料电池发动机订单，并与行业完成多个"首辆"燃料电池汽车开发，支撑京津冀地区率先在全球范围开展燃料电池汽车常态化示范运营。

2022
燃料电池在北京冬奥会上示范运行
五大燃料电池汽车示范城市群建设

2022 年北京冬奥会示范运行超 1 000 辆燃料电池汽车，全国燃料电池汽车保有量超 10 000 辆。

当前我国五大燃料电池汽车示范城市群建设加快推进，核心技术不断突破，氢能产业链逐步完善。一系列利好之下，中国国内燃料电池汽车交付、投运迎来密集期。不过值得注意的是，氢能产业尚处于起步阶段，还须从基础设施建设等多方面发力。

9.2 氢风徐来：氢燃料电池发展现状及未来展望

氢能是风、光、水等可再生能源的重要转换枢纽，而在包含制、储、运、用多个环节的氢能产业链中，氢燃料电池作为将氢能转化为电能的关键技术，具有非常重要的地位。在各种燃料电池中，质子交换膜燃料电池具有功率密度高、无电解质泄漏风险、可于室温下快速启停等优点，在交通、便携式发电、中小规模固定式发电等应用领域具有广阔的应用前景。下面将主要总结分析质子交换膜燃料电池的技术和市场发展现状，并对燃料电池未来的发展方向及面临的挑战进行展望。

9.2.1 背景及燃料电池工作原理

2020年9月22日，习近平总书记在第七十五届联合国大会一般性辩论上宣布："中国将提高国家自主贡献力度，采取更加有力的政策和措施，二氧化碳排放力争于2030年前达到峰值，努力争取2060年前实现碳中和。"碳达峰、碳中和目标（简称"双碳"目标，下同）不仅关乎中华民族永续发展，更是构建人类命运共同体的重要组成部分，具有重大战略意义。

在"双碳"目标的驱动下，风能、光能、水能、电能、氢能等多种可再生能源在祖国大地上蓬勃发展。其中，氢能是各类可再生能源的重要转换枢纽。风能、光能、水能等可再生能源无法储存且时空分布极其不均匀，为了实现发电端与用电端的匹配，储能技术必不可少。

短周期短距离储能适合通过储能电站实现，而长周期长距离储能的最佳载体就是氢能。氢能全产业链涉及制、储、运、用等多个环节，其中与日常生活最接近的就是"用氢"环节。氢气作为能源既可用于驱动汽车，也可用于发电，而实现氢能与电能转换的关键装置就是氢燃料电池。

燃料电池单体的电压不到1V，为提高输出电压，一般需将多个燃料电池单体堆叠串联组成燃料电池电堆。为了保证燃料电池的正常运行，人们还需要为电堆匹配附件系统，以持续向燃料电池供给合适温度、压力、流量、湿度的反应物，并排出生成的水和热量。电堆和附件系统共同组成燃料电池系统。其中，用于车用场景的燃料电池系统由于作用与发动机相似，又被称为燃料电池发动机。

9.2.2 燃料电池技术现状

燃料电池技术由上到下可以分为燃料电池系统、燃料电池电堆、膜电极、关键材料（质子交换膜、催化剂、碳载体和气体扩散层等）多个层级，空间尺度从米级到纳米级，涉及材料、催化、电化学、热力学、流体力学、系统科学等多个学科，是典型的交叉学科技术。从面向最终应用的角度考虑，燃料电池最主要的性能指标包括效率（经济性）、功率密度、寿命和成本四项，此外，用于交通领域的燃料电池还需满足低温冷启动的性能指标。

国际上燃料电池技术的代表企业为日本丰田和加拿大巴拉德，其中丰田代表了"金属双极板+乘用车"技术路线，巴拉德则代表了"石墨双极板+商用车"技术路线。丰田于2014年发布量产的Mirai燃料电池轿车，电堆峰值功率114kW，功率密度达到3.1kW/L，冷启动能力达到-30℃，寿命超过5 000h（以性能衰退10%作为寿命终点），代表了当时国际最先进的技术水平。2021年丰田又发布了Mirai二代燃料电池轿车，电堆功率密度提升到5.4kW/L，寿命和冷启动能力也大幅提升。巴拉德则从2011年开始在美国进行燃料电池公交车示范运营。截至2018年，部分车辆累计运行时间已超过25 000h[1]，燃料电池寿命达到17 000h（以性能衰退20%作为寿命终点）。目前巴拉德最新一代燃料电池产品电堆功率密度达到4.2kW/L，冷启动能力为-20℃，寿命预计超过30 000h（以性能衰退20%作为寿命终点）。

我国于2020年发布的《节能与新能源汽车技术路线图2.0》中提出，到2030年，我国商用车燃料电池系统寿命预计达到30 000小时，冷启动温度预计达到-40℃，商用车系统成本预计低于1 000元/kW[2]。当前我国燃料电池技术发展进入加速阶段，各项性能指标快速提升，已经与国际先进水平差距不大。石墨双极板燃料电池电堆功率密度普遍达到4千瓦每升，寿命达到15 000h，（以性能衰退20%作为寿命终点），金属双极板燃料电池电堆功率密度达到5kW/L，寿命达到10 000小时（以性能衰退20%作为寿命终点），石墨双极板和金属双极板燃料电池冷启动能力均达到-30℃。并且逐步建立了关键材料与零部件的自主产业链体系，成本快速下降，电堆成本降低到2 000元/kW以下，系统成本降低到5 000元/kW以下，在技术指标上已经具备了商业化应用的基本条件。

9.2.3 燃料电池商业化发展现状

目前我国燃料电池推广应用已经逐步从示范运营阶段过渡到商业化的起步阶段，其中商业化进程最快的为车用领域。当前我国氢燃料电池汽车全部为商用车，这一方面是燃料电池自身的技术优势引导的，燃料电池汽车具有加注快、续驶里程长的特点，因此特别适用于长途重载商用车，如重卡、客车、物流车等；另一方面是由我国的燃料电池发展战略决定的，燃料电池汽车的推广需要巨大的氢能基础设施建设投入，而商用车行驶路线比乘用车简单，对加氢基础设施的要求更低，因此我国选择了以商用车示范运营作为燃料电池商业化进程的起点，这一战略至今已取得了显著成效。截至2021年，我国燃料电池汽车保有量为8 922辆，约占世界燃料电池汽车总保有量的18%，预计到2025年，我国燃料电池汽车保有量将达到50 000辆[3]。图9-2显示了我国氢燃料电池汽车的保有量预测，图9-3也显示了氢燃料电池汽车的销量分类占比。

在我国目前的氢燃料电池汽车销量中，客车占绝大多数，占比达到95%以上[3]。然而如之前所说，由于燃料电池在长途重载领域更具竞争优势，因此预计卡车未来的占比会逐渐增加。

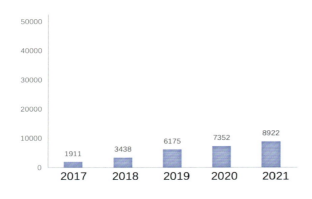
图 9-2　2017—2025 年我国氢燃料电池汽车保有量预测

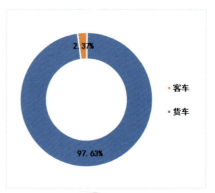
图 9-3　2017—2021 年我国氢燃料电池汽车销量分类占比

9.2.4　燃料电池发展未来展望

当前我国新能源发展正处于多种技术路线激烈竞争的阶段,因此在燃料电池发展的道路上,挑战与机遇并存。在车用领域,燃料电池商业化的重点仍将是长途重载商用车。为了与纯电动技术路线以及燃油车竞争,燃料电池需进一步提高寿命、可靠性、效率,并降低成本。由于短期内氢气价格难以大幅下降,因此提高效率对于提高燃料电池的竞争力十分关键。同时,在航空、船舶等碳排放量大且减排相对困难的领域,燃料电池由于其自身技术优势,具有很大的应用潜力,应抓住机遇,提前布局,占领市场空间。而在发电领域,燃料电池应充分利用自身灵活性强的特点,着重布局于中小规模固定发电以及便携式发电场景。

另一方面,燃料电池的发展也离不开整个氢能产业的发展,只有氢能行业快速发展,燃料电池才具备茁壮成长的土壤。在国家政策支持以及技术进步的双重驱动下,燃料电池必能在"双碳"事业中发挥重要的作用!

参考文献

[1] NREL. Fuel cell buses in U.S. transit fleets: Current status 2018 [R/OL]. [2022-10-26]. https://www.nrel.gov/docs/fy19osti/72208.pdf.

[2] 中国汽车工程学会. 节能与新能源汽车技术路线图 2.0[M]. 北京：机械工业出版社,2020: 1-429.

[3] 中商产业研究院. 2022 年中国氢燃料电池汽车行业市场前景及投资研究预测报告 [R/OL]. [2022-10-26]. https://www.askci.com/.

第 10 章

智能辅助决策，自动驾驶汽车打造未来城市交通的新范式

随着城市化的发展，城市交通作为城市脉搏正面临巨大压力，依靠人类自主判断的驾驶模式已经难以负荷日渐复杂的交通路况和逐步增多的体量需求。自动驾驶汽车技术因能避免交通堵塞、减少交通事故、降低犯罪率、提高交通效率与促进绿色低碳出行，逐渐走入公众视野。自动驾驶汽车技术借助人工智能、大数据、车联网等技术，能有效识别周遭环境、整合多模态信息，并自主产生下一步决策规划，对于提高交通利用率等诸多方面意义重大。目前，已有多座城市、多家公司开展自动驾驶研究与商业化运营试点，一旦自动驾驶汽车技术真正成熟并大规模投入市场运营，人类或将进入一个解放双手、没有拥堵的未来交通时代。

10.1 自动驾驶汽车大事记

1478
达·芬奇（Leonardo Da Vinci）设计出了预编程发条马车

1478年，达·芬奇设计出了预编程发条马车的草图，如果研发成功，马车就可按照预定路线行驶。

1925
"美国奇迹"无线遥控汽车引入自动驾驶概念

1925年8月，纽约街头行驶的一辆无线遥控汽车吸引了大量的关注。这辆汽车创新性地采用了无线电遥控的方式，实现对汽车操纵机构的远程控制，因而在驾驶室无人的情况下，这辆汽车也能正常在街头行驶。设计者美国陆军电子工程师Francis P. Houdina给了它一个响亮的名字——"美国奇迹"。虽然这辆汽车在实际意义上并不算真正的自动驾驶汽车，其本质就是一辆被放大了的遥控汽车，但随着"美国奇迹"汽车在纽约街头的亮相，自动驾驶的概念被第一次带入了现实。

1939
世界上第一辆自动驾驶概念车展出

1939年，纽约世博会上展出了世界上第一辆自动驾驶概念车——Futurama，这是通用汽车公司研发的一种由无线电控制的电磁场引导的电动汽车。在通用公司的设计方案中，电磁场由嵌入道路的磁化金属尖刺产生，变化的电磁场产生电流，进一步引导电动汽车的行驶。Futurama在世博会上的精彩展出，在让观展者叹为观止的同时，也让自动驾驶概念在世界范围内广泛传播，深入人心。

1977
日本造出现代意义上的第一辆自动驾驶乘用车

1977年，日本筑波机械工程实验室将通用汽车公司采用的脉冲信号控制方案加以改进升级，创新性地设计了一款能够用来处理道路图像的摄像系统。在这套系统的加持下，一辆能够以30km/h的速度跟随白色路标的自动驾驶乘用车横空出世。尽管这辆汽车的横向控制仍需要钢轨辅助，但其意义重大，被认为是现代意义上的第一辆自动驾驶乘用车。

1987
国防科学技术大学研制出中国第一辆自动驾驶原型车

在发达国家全面开展自动驾驶技术研发时，国内高校也不甘落后。以国防科技大学为首的众多高校启动自动驾驶汽车研发工作。在科研工作者的不断攻关下，国防科学技术大学于 1987 年研制出中国第一辆自动驾驶的原型车。虽然原型车在外观上与其他普通汽车并无太大差别，但是具备了一定的基本自动驾驶功能，也代表了中国高校在自动驾驶技术上的一次突破。

1988 年，作为国家"863 计划"中的重点任务之一，清华大学开始 THMR 系列自动驾驶汽车研发工作，其中研发的 THMR-V 型汽车能够实现结构化环境下的车道线自动跟踪。

2004
美国国防高级研究计划署发起 DARPA 无人驾驶挑战赛

2004 年，美国国防高级研究计划署（DARPA）发起 DARPA 无人驾驶挑战赛，以期激励众多顶尖人才投入到自动驾驶汽车研发上来，这也是世界上第一个自动驾驶汽车长距离比赛。各参赛选手在挑战赛中大显身手，脑洞大开，提出了诸多极具新意的自动驾驶解决方案。该挑战赛一直持续到 2007 年，共举办了三届，其间涌现出了大批自动驾驶技术相关的人才。

2009
谷歌开启自动驾驶技术研发热潮

2009 年，谷歌开始了自动驾驶研发，他们招揽了 DARPA 挑战赛的很多重要参与者，包括斯坦福的大量人才，而不依赖摄像头视觉的传统也在谷歌的自动驾驶汽车上得到了延续。不过，在很多自动驾驶任务执行中，感知设备仍是不可或缺的因素。

2012
KITTI 数据集发布

2012 年，KITTI 数据集发布，使得自动驾驶技术进一步成熟，推动了自动驾驶视觉深度学习的研发。KITTI 数据集涵盖了实时动态定位（GPS Real-Time Kinematic，GPS-RTK）惯性导航系统、立体摄像头、激光雷达的传感数据。GPS-RTK 惯性导航系统和激光雷达可以通过建立地面真实数据集，评估视觉算法的具体性能表现。KITTI 的数据集能够提供大量真实场景的数据，使得度量更加精准，并可对测试算法的性能表现进行进一步的准确评估。KITTI 数据集的发布，也让深度神经网络重新回归自动驾驶的版图，视觉方案的经济性也开始得到前所未有的重视。计算机视觉和机器学习迅速探索着这项技术的边界，并不断得到新的突破。

2015
特斯拉推出第一个投入商用的自动辅助驾驶系统 Autopilot

2015 年 10 月，特斯拉推出了自动驾驶辅助系统 Autopilot。该系统为第一个投入商用的驾驶辅助系统。特斯拉的量产车上均已安装 Autopilot 1.0、2.0 或 2.5 硬件系统，其自动驾驶功能可通过空中下载（OTA）进行从 Level 1 到 Level 4+ 的软件升级，为进一步实现完全自动驾驶技术突破进行了充分的软硬件准备。

2016
自动驾驶赛道从科研主导转向企业市场主导

2016 年，作为汽车技术未来发展的风口，自动驾驶已成为众多企业重点关注的领域。在 2016 年前后，诸多企业加入自动驾驶研发赛道，不仅有东风、吉利、北汽、上汽等传统汽车制造公司，还有百度、腾讯、阿里巴巴这样的互联网巨头，以及滴滴出行等出行服务公司。为了抢占新一轮技术变革的先机，各企业均积极参与自动驾驶技术的研发。

2018
全球首款搭载 Level 3 级别的自动驾驶系统的车型新款奥迪 A8 问世

2018 年，全新一代奥迪 A8 进行了全球首秀。新款奥迪 A8 搭载了 L3 级别的自动驾驶系统。奥迪官方将该自动驾驶系统命名为"奥迪 AI 交通拥堵驾驶系统"，并加入了一个"Audi AI"操作按钮来开启自动驾驶功能，它允许车辆在低于 60km/h 的情况下由系统完全接管驾驶，在 L3 系统加持下，汽车将能够自主完成加速、刹车、转向等驾驶操作。奥迪官方强调，驾驶员将不再需要在这个时候保持对车辆情况的监控，而是可以双手离开方向盘，真正实现车辆在特定场景下的自动驾驶。

2020
清华大学无人驾驶汽车亮相服贸会

2020 年 9 月 3 日，中国国际服务贸易交易会在北京国家会议中心及周边场地开幕。在本次服贸会的人工智能版块中，由清华大学车辆与运载学院杨殿阁教授团队牵头研发的 6 辆无人驾驶汽车一齐亮相。这 6 辆无人驾驶汽车中，3 辆为无人驾驶微循环巴士、3 辆为无人驾驶共享轿车，同时应用了无人驾驶往复循环行驶技术。在无方向盘、无油门踏板、无驾驶员的情况下，能够完全实现人工智能驾驶功能，能够满足"点到点"的无人驾驶短途接驳需求，为与会者提供高效、安全、舒适的无人驾驶出行体验服务。

2021
全球第一份车路协同技术创新白皮书亮相

2021 年 6 月 24 日。清华大学携手百度公司共同发布了《面向自动驾驶的车路协同关键技术与展望》白皮书。这是全球首份车路协同技术创新白皮书，向世界提出了针对自动驾驶技术落地的一整套中国方案,向世界展示出自动驾驶领域的"中国智慧"。

2022
清华大学研发的自动驾驶"汽车总动员"亮相北京冬奥会

2022年,在自动驾驶、高精度定位、可信决策等技术的支撑下,清华大学自动驾驶研究团队采用多传感器融合的方式,结合全球定位系统(Global Position System,GPS)/惯性测量单元(Inertial Measurement Unit,IMU)、激光雷达、相机与高精度地图等定位信息进行系统性算法研究与整合,通过完成自动驾驶车辆自主避障、路径规划和智能调度任务,成功让清华大学研发的自动驾驶"汽车总动员"亮相北京冬奥会,给前来参赛的国内外选手留下了深刻的印象。

10.2 悄无声息地改变着世界的技术:自动驾驶技术

交通事故对人们生命健康造成严重危害,也导致巨大经济损失。实现安全、智能化的自动驾驶技术一直是人们的愿望。在1925年第一辆自动驾驶汽车诞生以来的近百年间,人工智能等技术快速发展,自动驾驶领域的感知、决策、控制等技术逐渐智能化,正在实现L1、L2低级别自动驾驶到L4、L5高级别自动驾驶的飞跃,Waymo、特斯拉(Tesla)、百度等企业将自动驾驶逐渐从科幻电影带进现实。未来已来,自动驾驶技术这一变革科技已经悄无声息地改变着世界,将在任何地方以任何方式惠及所有人。

10.2.1 自动驾驶技术概述

自动驾驶技术有分级的概念,我国《"十四五"综合交通发展规划》指出,自动驾驶是推动智能交通建设的关键技术[1]。麦肯锡的报告显示,自动驾驶汽车的全面普及可减少90%的交通事故,每年可减少1 900亿美元的损害赔偿和医疗费用[2]。

自动驾驶技术是指通过技术实现车辆在某些或者全部控制功能,无须驾驶员直接操作即可自动完成[3]。图10-1自动驾驶技术汽车的驾驶舱概念图。美国汽车工程师学会(Society of Automotive Engineers,SAE)将自动驾驶按自动化程度分6级:其中L0是无自动驾驶,L1辅助自动驾驶中驾驶员必须完成所有操作、L2部分自动驾驶中车辆可以承担一些基本任务但驾驶员需随时准备接管车辆,L3条件自动驾驶中驾驶员在有需要时作为备用参与驾驶,L4高度自动驾驶的车辆可以承担大部分驾驶任务,到L5完全自动驾驶阶段系统可承担所有驾驶任务[4]。可以说L1及L2等级自动驾驶解放了双

图 10-1 自动驾驶汽车行驶概念图

手和双脚，L3 解放了双眼，而 L4 及 L5 解放了大脑。如图 10-2 所示。

自动驾驶技术有其对应的关键环节，与人类驾驶过程类似，自动驾驶技术框架核心分为环境感知、决策规划、控制执行 3 部分[5]。如图 10-3 所示。

自动驾驶环境感知技术通过感知算法与传感器实现。在实际运行过程中，毫米波、激光、超声波雷达和相机等设备用于环境感知建模，全球卫星导航系统（Global Navigation Satellite System，GNSS）、惯性导航系统 IMU 等系统用于确定车辆位置姿态等信息[6]。在融合了多种传感器收集道路的实时信息后，决策算法根据驾驶需求规划出多条安全路径，并选择其中一条最优的行驶路径[7]如图 10-4 所示。随着人工智能的发展，越来越多的决策与规划方法与自动驾驶深度融合，如深度学习、强化学习等算法[8]。控制执行通过线控系统与控制算法控制车辆，使其实际轨迹接近期望轨迹。核心有车辆纵横向控制，通过车辆底层线控系统实现加速、制动、转向等，控制算法常用比例微分积分控制（Proportional Integral Derivative，PID）算法[9]。

图 10-2 自动驾驶技术的六个级别

10.2.2 持续发展的自动驾驶技术

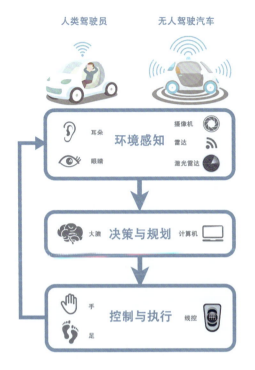

图10-3 自动驾驶核心技术

1925年，一辆名为"美国奇迹"（American Wonder）的无线电操控汽车第一次将"自动驾驶"的概念带入了现实；1939年，通用公司在纽约世界博览会展示了无线电控制汽车的作品"未来世界"；1956年，通用公司展示了第一台具备自动导航功能的汽车Firebird；1977年日本国家实验室自动驾驶车利用摄像头检测前方标记进行导航；1993年在德国慕尼黑，奔驰S500车身配备多种摄像头和传感器实现自动驾驶超过1 000km[10]。

21世纪以来，随着大数据、云计算、物联网、人工智能等技术发展，在自动驾驶很多技术层面出现了突破性进展。例如，在"环境感知"阶段，激光雷达技术的进步导致其成本下

图10-4 智能交通与高速公路交叉口

降,这让大规模应用成为可能。在"规划决策"阶段,机器学习和人工智能的进步带来算法决策的准确性大幅提高,覆盖的场景大量增加。这些技术的进步不但降低了自动驾驶技术的成本,同时也保障了安全。

美国国防部高级研究计划局(DARPA)在 2004 年起举办无人车越野大赛,2005 年 DARPA 挑战赛是自动驾驶发展史上的临界点,史上第一次无人驾驶汽车使用人工识别系统成功通过了路况恶劣的沙漠赛道。图 10-5 展示了行驶中的无人越野车。2009 年谷歌开始了自动驾驶研发,2012 年其研发的深度神经网络算法 AlexNet 在计算机视觉基准任务上脱颖而出。2015 年,Tesla 推出了半自动驾驶系统 Autopilot,成为第一个投入商用的自动驾驶技术[4]。2018 年奥迪 A8 问世,成为世界上首款实现 L3 级别自动驾驶的量产车……

图 10-5 无人越野车

在自动驾驶领域我国同期也一直处于前列,1992 年我国国防科技大学研发出中国第一辆无人驾驶汽车。2003 年清华大学研制成功了 THMR-V 无人驾驶车,能够在标识清晰的结构化道路上以超过 100 千米每小时的速度行驶。2013 年前后,自动驾驶汽车大规模化发展,加入研发赛道的既有像百度、腾讯等互联网公司,也有北汽、上汽等传统车企[11]。2017 年 4 月,百度正式发布了 Apollo 计划,向自动驾驶领域提供一个开放、完整、安全的软件平台,构筑全球自动驾驶生态。图 10-6 是自动驾驶的概念图。

2020 年,清华大学自动驾驶汽车亮相中国国际服务贸易交易会,无人驾驶汽车在无方向盘、无油门踏板、无驾驶员的情况下,能够完全实现人工智能驾驶功能。2022年,清华大学研发的自动驾驶"汽车总动员"亮相北京冬奥会,在自动驾驶地图、高精度定位、可信赖决策等技术的支撑下,完成了自动驾驶车辆自主避障、路径规划和智能调度任务。清华大学也率先提出了融"车－路－云－网－图"为一体的智能网联交通方案,形成包含交通感知、决策、控制的协同联控制系统,打造智能网联汽车"中国方案"[12]。

图 10-6　自动驾驶汽车的驾驶舱概念图

10.2.3　自动驾驶技术总结与展望

自动驾驶从设想到早期的探索,再到技术工具成熟之后的快速成熟,足足用去百年的时间。百年间,自动驾驶技术发展迅速,"眼睛"更加"明亮","大脑"更加"发达","四肢"更加"协调",正在实现低级别自动驾驶到高级别自动驾驶的飞跃。其间我国逐步从追赶状态,发展为与欧、美、日等汽车强国并跑,部分领域领跑的态势[13]。

自动驾驶算法也演进到了多模感知与融合推理的新阶段,在未来的自动驾驶技术领域中,除了每个自动驾驶公司都应该永远将安全放在第一位,软硬件协同设计将会越来越受重视。就商业应用角度,除了L2辅助驾驶技术会继续普及以外,L3及高级别自动驾驶技术也会逐步实现产品化、规模化[14]。现阶段自动驾驶技术也还面临很多技术与非技术问题,例如如何提高自动驾驶车辆对于未知场景的适应能力,如何消除公众对于自动驾驶汽车安全的顾虑……

历经百年探索,自动驾驶领域的蓝海终于打开,人类在追寻自动化、智能化的路上不会停歇,这里的江湖还会有新的传说,它将引领世界变革,惠及更多人。

参考文献

[1] 张新钰，高洪波，赵建辉，等. 基于深度学习的自动驾驶技术综述 [J]. 清华大学学报（自然科学版），2018, **58**(4): 438-444.

[2] 李彦宏. 自动驾驶5年后全面商用，未来通行效率将提升15%～30% [EB/OL]. [2022-11-20]. https://www.jiemian.com/article/4983965.html.

[3] 领域学社 Field Academy. 自动驾驶技术：未来已来 [EB/OL]. [2022-11-20]. https://mp.weixin.qq.com/s/OxhpWRM4owX1vZuETnVRig.

[4] 甲子光年. 自动驾驶的十年变局 | 甲子光年 [EB/OL]. [2022-11-20], https://mp.weixin.qq.com/s/jPAHuy1v62lxrcqLYBdsNA.

[5] Lechner M, Has ani R, Amini A, et al. Neural circuit policies enabling auditable autonomy [J]. *Natu Mach Intel*, 2020, **2**(10): 642-652.

[6] Elallid B B, Benamar N, Hafid A S, et al. A Comprehensive survey on the application of deep and reinforcement learning approaches in autonomous driving [J]. *J King Saud Univ Comput Info Sci*, 2022, **34**(9): 7366-7390.

[7] Kuutti S, Bowden R, Jin Y, et al. A survey of deep learning applications to autonomous vehicle control [J]. *IEEE Trans Intel Transport Syst*, 2020, **22**(2): 712-733.

[8] Lamssaggad A, Benamar N, Hafid A S, et al. A survey on the current security landscape of intelligent transportation systems [J]. *IEEE Access*, 2021, **9**: 9180-9208.

[9] WANG Tong, Hussain A, WANG Xibo, et al. Artificial intelligence for vehicle-to-everything: A survey [J]. *IEEE Access*, 2019, **7**: 10823-10843.

[10] 巨潮商业评论. 1925-2021，自动驾驶百年发展历程！ [EB/OL]. [2022-11-20]. https://www.ofweek.com/auto/2021-07/ART-8500-7000-30507612.html.

[11] 王嘉清，曹智超. 在首钢冬奥园区打车是怎样的体验？ [EB/OL]. [2022-11-20]. https://mp.weixin.qq.com/s/0ryJdjbojtd9If-HdnbGqxg.

[12] 清华大学小研在线. 智能驾驶这十年：从"还书小车"到"汽车总动员"[EB/OL]. [2022-11-20]. https://mp.weixin.qq.com/s/QUvm-6bwtwFr6c0T_6z4ZAQ.

[13] 陈亚伟，程前，邵毅明，等. 自动驾驶汽车的发展综述 [J]. 汽车工业研究，2018(4): 57-59.

[14] 王金强，黄航，郅朋，等. 自动驾驶发展与关键技术综述 [J]. 电子技术应用，2019, **45**(6): 28-36.

第 11 章	展望前沿：6G 技术将会如何改变我们的世界？	101
第 12 章	可解释性人工智能：帮助用户更好地理解机器的决策过程	109
第 13 章	下一代颠覆性计算系统和硬件技术：多阵列忆阻器存算系统	115
第 14 章	液态金属：制造新型软体机器人新思路	121
第 15 章	揭秘分子世界的"建筑师"：手性合成技术的妙用与未来展望	127
第 16 章	自然语言处理领域小样本学习在智慧司法中的应用	133
第 17 章	固态电池迎风口，产业布局见端倪	143
第 18 章	从能源系统中薄膜电容器的视角来看碳排放与碳减排	151
第 19 章	依海而富，向海而兴——如何利用好巨大的海洋能源宝库	159
第 20 章	碳捕集利用与封存技术：起源、进展与贡献	167

下 一 代
创新科技

Next-Generation
Innovative Technologies

下 篇

未来领域科技展望
Outlook for the Future Technology

第 11 章

展望前沿：
6G 技术将会如何改变我们的世界？

过去十年间，中国在通信领域实现了从追随者到领跑者的飞跃，如今，中国 5G 已经在基站数量、覆盖率等方面均取得了辉煌的成就。根据移动通信十年一代的规律推算，6G 移动通信将在 2030 年左右实现商用。而现在则是 6G 关键技术的遴选时期，社会各界对 6G 移动通信抱着不同的期待与愿景，6G 的技术也处于百家争鸣的阶段，尚未完全达成共识。对于新一代的通信技术，一般最先提出的往往是愿景与应用场景，接下来再根据场景提出关键性能指标，根据关键性能指标遴选相应的技术，最后才能完成标准的制定。本文综合多个角度的信息，分别从 6G 商用的时间与要解决的问题、6G 的性能评价指标和第六代移动通信中可能出现的新技术等角度介绍 6G 移动通信的愿景。

11.1 6G 商用的时间表

现在距离 2019 年 5G 商用以来已经过去了 5 年，6G 移动通信的研究也在如火如荼地进行中。今年 6 月，通信标准组织第三代合作伙伴（3rd Generation Partnership Project，3GPR）发布的 17.0 版（Release 17，Rel.17，下同）标准已经完成了冻结，这标志着 5G 的标准制定工作即将进入下半场，如图 11–1[1] 所示的是 3GPP 给出的近两年标准工作的时间表。和公众的认知略有不同，5G 的标准实际上包括 Rel.15-Rel.20 这 6 个小的版本。其中 Rel.15-17 为 5G 标准，而 Rel.18-20 则为 5G- 演进（5G-advanced）标准。在 2022 移动互联网蓝皮书发布会上[2]，高通公司中国区研发负责人徐皓表示，在 Rel.20 完成之后，3GPR 组织将会对 6G 标准进行讨论。根据大约两年一个新标准的速度，可以估算出 6G 的第一个标准将于 2030 年左右出现，这也将是 6G 进入商用的时间。尽管现在距离 2030 年还有 7 年多的时间，但是中国工程院院士邬贺铨认为，整个节奏安排还是比较紧的。这是因为现在进行的仍然只是一些需求和技术上的探讨，而没有进行标准化的讨论。

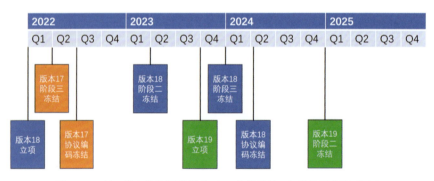

图 11–1 第三代合作伙伴计划（3GPP）提供的 5G 后续标准的时间表

11.2 6G 要解决的问题

5G 时期提出了的"增强移动宽带（Enhanced Mobile Broadband，emBB）、超可靠低时延通信（Ultra-Reliable and Low-Latency Communications，uRLLC）、大规模机器通信（Massive Machine Type Communications，mMTC）"三大应用场景，其在物联网、智慧城市等领域的应用已经在改变我们的生活。要想研究新一代的通信技术，制定技术标准，首先要明确的就是 6G 要解决的问题，明确 6G 通信的愿景。

由于现在距离 6G 商用还较为遥远，对 6G 愿景的讨论仍然处于百家争鸣的阶段。不同专家对于元宇宙等 6G 可能的应用场景存在着截然不同的看法。例如，在 6G 大会上邬贺铨院士认为[3]，面向企业（ToB）行业的应用应该是 6G 的重点，因此需要重视低时延与确定性的需求，此外还要专门为工业上的应用划分频段。而尽管 6G 的大带宽与低时延能满足元宇宙用户的需求，但是元宇宙的商业模式相比传统社交媒体与虚拟现实（Virtual Reality，VR）、增强现实（Augmented Reality，AR）未发生根本变化。因此元宇宙需要 6G，但是 6G 不需要元宇宙作为其支点，而在"2022 世界 5G 大会"[4]上，中国工程院院士谭建荣在大会的元宇宙论坛上表示，元宇宙将开创互联网发展的新局面，推动网络进入第三代互联网，即从移动互联网到元宇宙互联网，但到达元宇宙落地还有很远的一段距离。

除了 6G 的应用场景外，6G 要实现的目标，6G 的架构也是通信行业讨论的重点。2022 年 3 月 22 日，全球 6G 技术大会在线上开幕，会上通过的《6G 总体白皮书》[5]系统性地介绍了 6G 的愿景。《6G 总体白皮书》指出，6G 要实现的 3 大目标有：① 解决现有 5G 网络投资高、运维难、功耗高不低碳、单个基站覆盖面积较小等问题；② 满足以"元宇宙"为代表的新应用、新场景中的移动通信需求；③ 利用移动通信技术（Communication Technology，CT）、信息技术（Information Technology，IT）、大数据技术（Data Technology，DT）融合发展带来的新机遇。2022 年 6 月底，中国移动发布了《中国移动 6G 网络架构技术白皮书》[6]，第一次系统性地阐述了 6G 架构。该白皮书对十个目前存在的问题进行研判，秉承兼容、跨域、分布、内生、至简、孪生六大设计理念，提出了"三体（网络本体、管理编排体、数字孪生体）、四层（资源与算力层、路由与连接层、服务化功能层、开放使能层）、五面（控制面、用户面、数据面、智能面、安全面）"的系统架构，第一次让大众对 6G 技术有了系统性的认知。

11.3 6G 的性能指标

关键性能指标（Key Performance Indicators，KPI）是定量衡量各代移动通信的重要标准，KPI 有助于推动技术发展，将愿景变为现实。从 1G 到 5G，除了每一个维度的 KPI 均有提升外，衡量通信系统性能的指标也在越来越多样化。广东新一代通信与网络创新研究院院长朱伏生曾撰文分析了 6G 的十大 KPI[7]。其与 5G 和 4G 移动通信的性能对比如图 11-2 所示。可以看出，在移动能力、峰值速率、区域流量容量等方面，6G 预计将相比 5G 有巨大的提升。朱伏生认为，6G 的用户体验速率将会超过 1 吉比特每秒，将会使 VR 成为最典型的用户体验业务；网络时延将达到亚毫秒量级，能够满足车联网与工业互联网的时延要求；连接密度将相较 5G 翻十倍，达到 100 个每平方米，这将会满足物流、智能制造、可穿戴等业务的要求；移动性方面则将支持每小时 1 200 千米速度的用户接入，因此在飞机上也能使用 6G。可以看出 6G 在各个 KPI 维度上都比 5G 有了或多或少的提升，移动通信性能指标的提升也将促进其他信息技术产业发展，使原来不可能实现的业务成为可能。

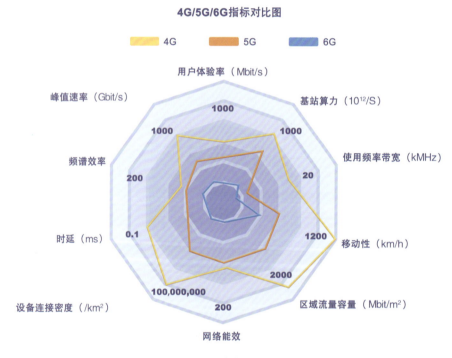

图 11-2　6G 技术的关键性能指标

11.4　6G 出现的主要新技术

为了实现 6G 的上述愿景，学术界已经提出了大量可能在 6G 中使用的技术，而哪种技术会在 6G 中得到广泛应用还是未知数，本文选出其中三种简要介绍。

11.4.1 空天地一体化（Space-Air-Ground Intergrated Network，SAGIN）

20世纪80年代开始发展的地面移动通信技术尽管在带宽、时延等方面的性能都有了巨大的发展，但是直到现在，地球上只有6%的面积（约20%的陆地）被地面移动通信覆盖。而卫星通信则能实现全球覆盖，但是其时延较大。因此，将卫星、航空、地面通信系统集成在一起就可能结合两者的优势，解决上述问题。空、天、地一体化网络的结构如图11-3所示[7]。从技术上来讲，卫星通信的发展借鉴了大量地面通信的技术，因此有可能采用相同的空口传输技术，空、天、地一体化具有可行性。从产业链上来讲，建立卫星与地面统一的通信产业链可以利用成熟的地面通信产业发展卫星通信产业，降低通信系统的运营

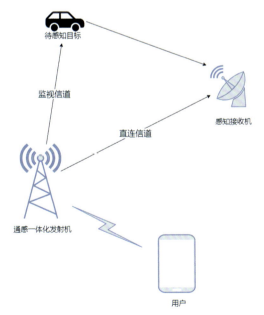

图 11-3 空、天、地一体化的系统架构

成本，提升用户体验。为了实现这一目的，空、天、地一体化通信系统既要满足两种通信的一致性，也要兼顾两种通信的差异性，扬长避短，最终达到全球无缝覆盖6G的愿景。其在灾害救援、军事等领域有重大意义。

11.4.2 毫米波与太赫兹通信

根据香农公式可以知道想要提高信道容量的主要手段就是提升带宽。毫米波值频率在26.5~300GHz，太赫兹则顾名思义在300GHz~10THz。而且太赫兹频段介于光学与电子学研究的频段之间，蕴含大量未被开发的频谱资源，因此具有极大的潜力，可以提高通信的速率。

但是毫米波和太赫兹的波长较短，这意味着它的路径损耗相比5G所用频率还要大，相同条件下基站覆盖的范围会更小，而且传播过程中更容易被物体遮挡，更容易发生衰落。为了解决这类问题，通信领域已经有了信道估计和波束赋形技术，但是使用更短波长的电磁波进行通信时，这些问题将会变得严重得多，导致硬件成本上升，或者通信开销更大。

11.4.3 通信感知一体化（Intergrated Sensing and Communication，ISAC）

随着移动通信使用的频率越来越高，其工作频段已经和感知用的雷达产生了交集，早期的工作主要希望实现雷达和移动通信的频谱共用，避免雷达与通信发生相互干扰。而随着5G的商用，与感知有关的应用场景（车联网、智慧工厂与物联网、环境监测、智能家居等）大

量出现,"感知"这一术语的范围也随之增大,这些场景中既有感知也有通信;以雷达为代表的感知系统虽然与通信系统有着不同的目标,但是其工作机制有相似性,因此将通信与感知系统集成在一起,可以节约频谱资源、降低硬件成本,同时对感知与通信进行协同优化,使两者相互提升性能。图 11-4 为一个典型的通信感知一体化(ISAC)系统的结构。尽管同感一体化有上述的优点,但是通信的信噪比、速率等指标与感知的准确度等指标存在一定的矛盾,需要进行折中;在技术上,两者也存在一定冲突,例如通信可以利用多径效应来产生一定的分集增益,但是雷达感知需要避免非直射径[8]。

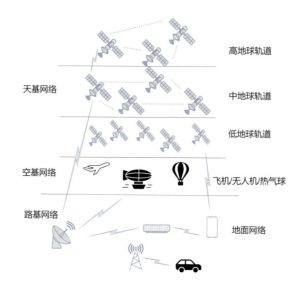

图 11-4　一个被动感知 + 通信的一体化系统

11.5　总结

6G 不是 5G 的简单升级,智能、绿色、覆盖广、计算通信数据融合将会是其区别于 5G 移动通信的根本特征。这些优势将会让 6G 技术赋能各行各业,催生出多种新的应用。从万物互联到万物智联,6G 改变的不仅仅是我们的生活,更会改变我们所处的物理世界与数字世界的交互方式,从而带来颠覆性的创新。目前中国在 6G 相关技术领域的专利数量在全球处于领先地位,相信 6G 技术能造福人类,助力我国建成社会主义现代化强国。

参考文献

[1] 3GPP. 3GPP·Release18 [S/OL]. [2022-10-21]. https://www.3gpp.org/specifications-technologies/releases/release-18.

[2] 赵光霞，宋心蕊."拓展 5G 应用，助力产业升级"高峰论坛暨 2020 移动互联网蓝皮书发布会举行 [N/OL], 人民网·传媒频道，（2022-07-14）[2022-10-21]. http://media.people.com.cn/n1/2020/0714/c14677-31783361.html.

[3] 未来移动通信论坛. 未来移动通信论坛·6G 总体白皮书 [C/OL] // 全球 6G 技术大会，（2022-03-22）[2022-10-21]. http://39.105.53.11/dl/220322/whitepaper.rar.

[4] 邬贺铨. 中国工程院院士邬贺铨：6G 研究的 10 点思考 [C/OL]// 全球 6G 技术大会，（2022-03-23）[2022-10-21]. http://www.g6gconference.com/cn/de¬tails.asp?id=1358.

[5] 贾丽. 2022 世界 5G 大会热词：元宇宙、6G、工业互联网 [N/OL]. 证券日报网，（2022-08-11）[2022-10-21]. http://www.zqrb.cn/finance/hangyedong¬tai/2022-08-11/A166014 9390308.html.

[6] 朱伏生. 朱伏生解析 6G 系统的十大 KPI 指标：峰值可达 100Gbps 基站容量可达 1Tbps [R/OL]. 移动通信网，（2019-5-17）[2022-10-21]. https://www.mscbsc.com/ viewnews-2276242.html.

[7] LIU Jiajia, SHI Yongpeng, Fadlullah Z M, et al. Space- air-ground integrated network: A survey [J]. *IEEE Commun Surv Tutor*, 2018, **20**(4): 2714-2741.

[8] LIU Fan, CUI Yuanhao, Masouros C, et al. Integrated sensing and communications: Towards dual-functional wireless networks for 6G and beyond [J]. *IEEE J Select Areas Commun,* 2022, **40**(6): 1728-1767.

第 12 章

神经网络模型再审视：
可视分析帮助用户更好地理解机器的决策过程

随着需要处理数据量的增大，机器学习模型的结构越来越复杂，迫切需要一个可解释的机制来更好地理解和分析。机器学习的可解释性主要指：机器学习模型在发出预测结果的同时可以提供相应的原因，使用户更好地理解机器的决策过程；同时通过交互式分析方法，利用可视化手段，帮助用户理解模型的工作机理，对模型的训练和决策过程进行诊断，进而实现模型的改进。

12.1 基于可视分析的可解释机器学习

机器学习取得的显著成功催生了众多人工智能应用，但随着需要处理数据量的增大，机器学习模型的结构越来越复杂。由于缺乏对这些模型工作机理的深刻理解，高效模型的开发常常是一个冗长又昂贵的反复实验过程，因此迫切需要一个可解释的机制来更好地理解和分析。机器学习的可解释性主要指：机器学习模型在给出预测结果的同时可以提供相应的原因，使用户更好地理解机器的决策过程；同时通过交互式分析方法，利用可视化手段，帮助用户理解模型的工作机理，对模型的训练和决策过程进行诊断，进而实现模型的改进。

可视分析是可解释机器学习研究的重要手段，美国国防高级研究计划局（Defense Advanced Research Projects Agency, DARPA）将基于可视分析的可解释机器学习作为"可解释人工智能"计划的三大研究方向之一[1]。基于可视分析的可解释机器学习利用可视化方法，帮助专家更好地理解机器学习模型的工作机理，诊断模型训练过程中可能出现的问题，为进一步改进和完善模型提供必要的信息。现有相关研究按照研究目的可以分为三类：模型理解的可视分析、模型诊断的可视分析和模型改进的可视分析。

12.2 模型理解的可视分析

机器学习模型的理解是诊断和改进的基础。研究者们提出了一系列可视分析方法帮助专家更好地理解不同机器学习模型。在所有模型之中，神经网络由于其优异的性能和难以理解的工作机理获得了最为广泛的关注。相关研究工作可以分为两类：基于散点图的模型理解方法和基于图可视化的模型理解方法。

基于散点图的模型理解方法[2]利用散点图展示样本间的关系。该方法将每个样本表示为一个高维数据点，在此基础上利用降维技术将这个高维数据点降维至二维平面，然后利用散点图进行展示。该方法能够展示数据集中样本间的关系，但是无法展示出神经网络的拓扑结构。

基于图可视化的模型理解方法将神经网络建模为一个图，利用图可视化方法展现网络的拓扑结构[3]。在这些方法中，常用图中节点和边的颜色以及大小等属性，表示神经网络除拓扑信息之外的其他信息。这些信息与神经网络的拓扑信息帮助专家从多个角度分析神经网络的工作机理。图 12-1 是基于图可视化的神经网络的理解方法。

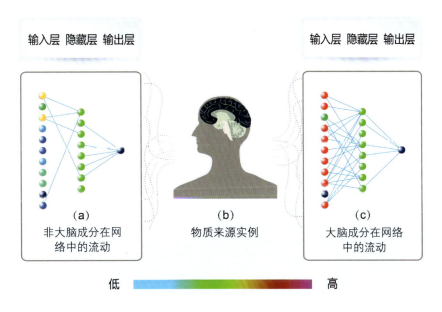

图 12-1　基于图可视化的神经网络理解方法样例

12.3　模型诊断的可视分析

　　模型诊断的可视分析技术能够帮助专家交互地探索模型性能不佳或训练失败的原因[4]。机器学习模型的训练过程往往是一个迭代过程，由多个时间片组成，因此可以将现有研究分为两个部分：训练过程中单个时间片的诊断方法，以及模型整个训练过程的诊断方法。

　　训练过程单个时间片的诊断方法旨在展示机器学习模型在训练过程中单个时间片上的情况。混淆矩阵（Confusion Matrix）是机器学习领域常用的诊断训练结果的手段之一，可以提供数据集中所有样本预测结果的一个概览。在一个混淆矩阵中，每一个元素 $c[i, j]$ 表示将第 i 类样本分为第 j 类的个数或者概率。2014 年 Alsallakh 等[5]开发了分类模型诊断工具，包括一个混淆轮（Confusion Wheel）视图以及一个特征分析视图。混淆轮视图可以帮助专家快速发现那些以较低概率被分错的样本。特征分析视图帮助分析和比较两组样本，从而帮助专家在进行特征选择的时候做出更好的决定。

　　上述基于单个时间片的模型诊断方法，能

够在一定程度上帮助专家诊断模型训练失败的原因。但是当训练过程过长时，无法预知要浏览的时间片，也不能有效地刻画模型在训练过程中的演化过程。目前正在研究的展示模型整个训练过程的可视分析方法，如基于不确定性的模型改进可视分析方法，通过对输出结果的不确定性进行建模并分析不确定性的传播，可以有效解决上述问题。

12.4 模型改变的可行性分析

随着机器学习的发展，机器学习模型越来越复杂，简单的交互界面已不能满足用户深入分析算法和改进模型的需求。模型改进可视分析方法的优点在于允许专家主动进行分析和探索，不断加深对模型的理解，从而更好地分析出改进的方向。针对不同的机器学习模型，模型改进可视分析方法大致分为两类：针对有监督学习的方法和针对无监督学习的方法。

在有监督学习方面，研究者们主要研究如何帮助专家找到对有监督分类器性能影响很大的因素[6]，包括训练样本、特征和训练参数等，并有针对性地修改。在无监督学习方面，为了将专家的反馈融入模型，往往将问题建模为一个半监督学习问题[7]。在这些方法中，专家的反馈往往被用作少部分的有监督信息，与原始的无监督数据综合在一起，以提高无监督学习模型的性能。

虽然上述方法能够帮助专家交互地改进机器学习模型，但是从可视化结果中找到待修改的地方需要专家大量的浏览和探索。为了尽量减少专家的工作时间，利用机器学习领域主动学习（Active Learning)[8]的思想，计算并展现机器学习模型结果的不确定性，可以更有针对性地关注不确定性较大的部分，方便找到需要修改的地方，如图 12-2 所示。

12.5 基于可视分析的机器学习未来展望

机器学习模型的可视分析依然有着广阔的研究前景。一个机器学习模型可以看作由三部分组成：数据、模型和训练过程。通过在正常数据上叠加一个恶意的噪声，能够产生一个人类很容易识别正确，但是机器学习模型会以很高置信度判错的对抗性样本（Adversarial

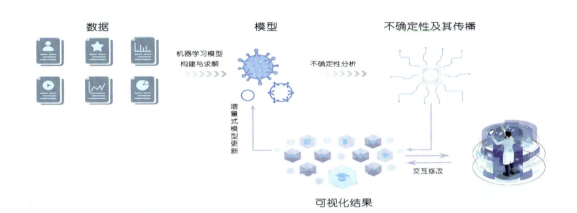

图 12-2　基于不确定性的模型改进可视分析方法概览

Example）。因此，利用可视分析比较对抗性样本与正常样本在网络中的流动情况，从而揭示对抗性样本的工作机理，对专家开发更鲁棒的机器学习模型有一定指导意义。

由于深度神经网络的优异性能，研究者主要研究深度神经网络的可视分析。如果将视野扩展到整个机器学习领域，深度神经网络只是机器学习模型大家族中很小的一部分，诸如决策树等其他传统机器学习模型由于其鲁棒性容易训练等特点也有着广泛的应用。未来研究重点可能是如何利用可视分析帮助领域知识较少的用户理解和信任这些模型，如图 12-3 所示。

图 12-3　可视分析的机器学习模型助力医疗专家进行辅助诊断

训练过程的在线分析，能够帮助专家实时地检查训练情况，并在必要的时候停止训练以节省时间。但是，要更加深入地理解一些机器学习模型的训练过程，只展示训练过程中时间序列数据是不够的。例如在深度强化学习中，训练过程是训练个体和环境的不断交互与反馈学习过程，想要深入地理解这个过程，将抽象的决策变化以直观的方式展现出来是未来的研究重点。

参考文献

[1] Gunning D. Explainable artificial intelligence (XAI) [J]. *Defense Advanced Research Projects Agency* (*DARPA*), 2017, **2**(2): 1-2.

[2] Zahavy T, Ben-Zrihem N, Mannor S. Graying the blackbox: Understanding DQNs[C]// *Int'l Conf Mach Learn*. PMLR, 2016: 1899-1908.

[3] Harley A W. An interactive node-link visualization of convolutional neural networks[C]// *Int'l Symp Visu Comput*. Springer International Publishing, 2015: 867-877.

[4] Tzeng F Y, Ma K L. Opening the black box-data driven visualization of neural networks[C]// *IEEE Visual*. IEEE, 2005: 383-390.

[5] Alsallakh B, Hanbury A, Hauser H, et al. Visual methods for analyzing probabilistic classification data [J]. ***IEEE Trans Visual Comput Graph***, 2014, 20(12): 1703-12.

[6] Paiva J G S, Schwartz W R, Pedrini H, et al. An approach to supporting incremental visual data classification [J]. ***IEEE Trans Visual Comput Graph***, 2015, **21**(1): 4-17.

[7] WANG Xiting, LIU Shixia, CHEN Jianfei, et al. Topic panorama: A full picture of relevant topics [J]. ***IEEE Trans visual Comput Graph***, 2016, **22**(12): 2508-2521.

[8] Settles B. Synthesis lectures on artificial intelligence and machine learning: Active learning [M]. California: Morgan & Claypool, 2012: 31-47.

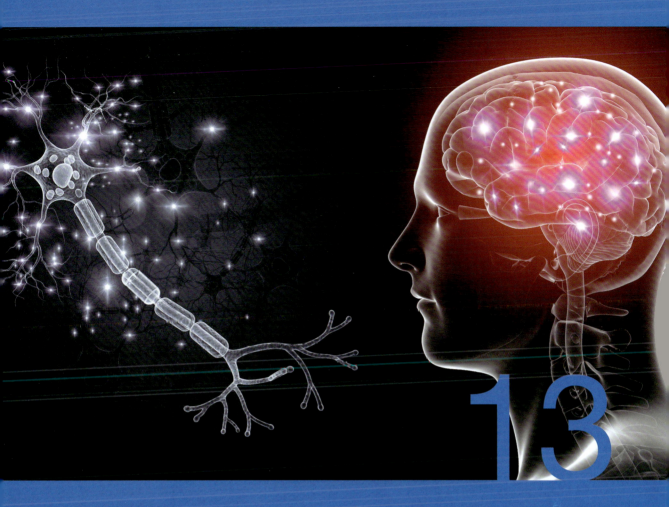

第 13 章

下一代颠覆性计算系统和硬件技术：多阵列忆阻器存算系统

基于摩尔定律的传统计算硬件发展取得了辉煌的成功，成为信息时代的基石。然而随着芯片工艺节点进入 5 纳米并逼近物理极限尺寸，摩尔定律终将失效。而以数据为中心的深度学习呈爆发式发展，算力需求每隔 3～4 个月翻一番，智能应用场景迫切需要更高算力、能效的颠覆性计算系统和硬件技术。

13.1 挑战：传统硬件系统无法满足智能应用需求

随着科技的进步，科幻电影里一幕幕不可思议的场景正在逐渐走进现实，我们正逐步走入智能时代。当然，这背后离不开数据、算法和算力的共同支撑。

数据方面，全球 70 亿人和 500 亿个物联网网络连接，都在每时每刻生产大量数据。据报道，全世界每天产生的数据量约为 2.5×10^{18} 字节，并以 40 个月翻倍的速度继续增长；算法方面，模型层数越来越深，结构越来越复杂，动辄上百层的网络和千万级的参数规模已不足为奇，第三代生成型预训练变换模型（Third Generative Pretrained Transformer，GPT-3）的语音模型拥有上千亿参数。然而数据还在不断产生，算法也在不断演进，因此，硬件算力的提升面临着巨大挑战[1]。

得益于摩尔定律指导下的硬件制造工艺进步和体系架构改进，基于中央处理器（Central Processing Unit，CPU）、图形处理器（Graphics Processing Unit，GPU）的冯·诺依曼计算系统在过去取得了巨大成功，为人工智能的兴起奠定了算力基础。然而，随着芯片工艺进入 5 纳米甚至更小的尺寸节点，制造成本增加、工艺开发困难以及热耗散等原因，使得摩尔定律逐渐失效，传统架构优化越来越难以满足复杂模型和大量数据的处理需求。

传统"冯·诺依曼"架构本征的存算分离设计，并不适合处理以数据为中心的任务。在这种架构中，计算单元和存储单元是不同的功能模块，由于"存储墙"的限制，数据搬移的速度远低于计算速度，且数据搬移的能量开销通常是计算本身的成百上千倍，最终使得计算系统延时大、功耗高，如图 13-1 所示。"冯·诺依曼"架构瓶颈进一步限制了硬件的发展。智能应用的落地，以及从感知到认知的算法变革都离不开高性能的计算芯片，智能系统的算力、能效提升和需求之间的矛盾日益尖锐，迫切需要颠覆性的硬件技术，全新的器件单元和计算架构[2]。

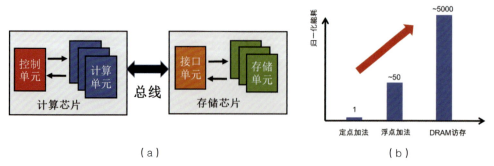

图 13-1　冯·诺依曼架构中数据搬移带来的延迟和功耗开销成为系统性能瓶颈

13.2 破局：脑启发的忆阻器存算一体系统

研究陷入停滞的时候，人们通常会从生物身上找答案。大脑的高效工作启发了研究人员。早在 40 年前，加州理工大学 Carver Mead 教授就已经预测到如今技术路径的困境，开始研究神经形态计算。大脑的工作机制虽然是未解之谜，其"突触－神经元"的计算结构以及存算一体的计算方式仍能启发人们设计芯片和系统来高效处理信息，但却受困于没有简洁、直接的硬件实现单元。2008 年，惠普公司革命性地在实验上制备了忆阻器，成为推动脑启发的新型计算系统发展的直接源动力。

忆阻器本身不是一个新的概念，早在 1971 年，加州大学伯克利分校的华裔教授蔡少棠就已经根据对称性从理论上得出，在电路设计中还存在除电阻、电容、电感外的第四种基本元件——忆阻器。只是直至近年，才真正由诸多公司和学校制备出这种器件。忆阻器是结构简介的两端器件，呈三明治结构，通过在上下电极间施加电压，可以针对性地连续调节器件电阻，并且在掉电后电阻能够保持（非易失性）[3]。

忆阻器不仅可以用来做传统存储器，还可以用来模拟生物突触的可塑性，被称为"电子突触器件"，拥有诸多良好特性，包括电压低、速度快、功耗小、制造成本低、可大规模集成、小尺寸下（2nm）仍能可靠工作等。在脑启发下，能够基于忆阻器阵列实现全新的存算一体硬件系统，彻底颠覆传统的计算体系，如图 13-2 所示。该图展示了基于忆阻器的交叉阵列结构，可以并行的实现乘累加计算，大幅提高计算效率[4]。

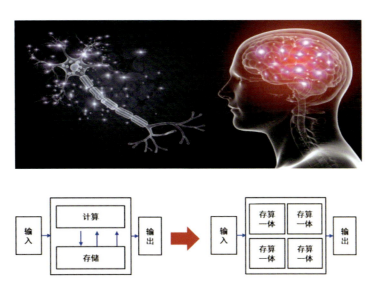

图 13-2　脑启发的新型存算一体范式

13.3 突破：清华实现多阵列忆阻器存算一体系统

国内外企业非常看好存算一体技术带来的硬件性能爆发。国际商用机器公司（International Business Machines，IBM）提出的硬件发展三部曲中，最终就是基于新型忆阻器完成模拟计算。华为也将此看为未来技术，提出在边缘计算方面将以存算一体的方式突破冯·诺依曼架构的限制。阿里达摩院在今年1月发布的《2020十大科技趋势》报告中，提出的第二大科技趋势为"计算存储一体化突破人工智能（Artifical Intelligence，AI）算力瓶颈"。

然而，基于忆阻器的存算一体系统仍面临具体的挑战，例如如何克服误差累积造成的系统识别率下降，具体包括器件波动，阵列寄生参数和电路噪声的影响，以及误差在网络中的传递和放大等。另一方面，如何基于存算一体的方式提升卷积计算的效率，也成为卷积网络实现的系统性能瓶颈。受限于此，国际上的工作主要集中于单阵列和简单网络结构的演示，而实际的系统必然需要基于多阵列实现卷积网络等复杂模型的。

针对以上问题，清华大学集成电路学院吴华强、钱鹤教授团队提出混合训练的方法和空间并行加速策略，来解决误差累积和速度失配问题，并搭建了全球首款多阵列存算一体系统，实现从单阵列到全系统、从简单结构到复杂网络的突破，与图形处理器（GPU）相比取得了100倍以上的能效优势，如图13-3所示。该成果证明了存算一体全新计算范式的可行性，同时提供了解决存算一体系统中误差问题和速度问题的关键方法，为实际应用奠定了基础[5]。该成果于2020年1月以题为《全硬件实现的忆阻卷积神经网络》（*Fully Hardware-implemented Memristor Convolutional Neural Network*）发表于《自然》（*Nature*）上，姚鹏博士为第一作者。

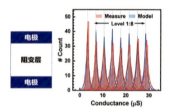

(a) 典型的忆阻器结构和电导分布非理想特性

(b) 多阵列忆阻器存算一体原型系统实物

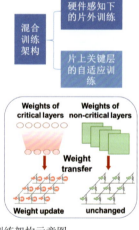

(c) 混合训练架构示意图

图13-3　忆阻器结构、特性和基于混合训练方法的忆阻器存算一体系统

钱鹤、吴华强团队在该领域深耕多年，积极研发存算一体新型计算机，在器件工程，电路、架构设计，算法优化和软件工具链开发上取得了丰硕的成果，极大推动了存算一体智能系统的发展[6]。

13.4 结语

传统硬件系统在器件方面基于金属—氧化物—半导体（Metal-Oxide-Semiconductor，MOS）场效应晶体管，在计算原理方面基于布尔逻辑，在架构方面基于存算分离的冯·诺依曼体系。本文介绍的新型智能计算系统是基于忆阻器（新器件）、物理定律（新计算范式）和存算一体架构（新架构）的突破性技术，有望实现更轻量化、低功耗的终端设备和高性能、高算力的云端中心。未来该领域的进一步发展需要继续完善数学理论，优化器件性能，开发软件工具链，进行"器件–电路–架构–算法"联合设计等。

参考文献

[1] Shin S, Kim K, Kang S M. Memristor applications for programmable analog ICs [J]. *Nanotech, IEEE Trans*, 2010, **10**(2): 266-274.

[2] Cao Jinde, LI Ruoxia, Mathematics SO, et al. Fixed-time synchronization of delayed memristor-based recurrent neural networks [J]. *Sci Chin (Info Sci)*, 2017, 60: 1-15.

[3] Itoh M, Chua L. Dynamics of hamiltonian systems and memristor circuits [J]. *Int'l J Bifurcat Chaos*, 2017, **27** (2): 1730005.

[4] WU Jun, Choi M. Memristor lookup table (MLUT)-based asynchronous nanowire crossbar architecture[C]// *10th IEEE Int'l Conf Nanotech*. IEEE, Ilsan, Gyeonggi-Do, South Korea, 2010.

[5] YAO Peng, WU Huaqiang, GAO Bin, et al. Fully hardware-implemented memristor convolutional neural network [J]. *Nature*, 2020, **577**: 641-646.

[6] WU Huaqiang, YAO Peng, GAO Bin, et al. Multiplication on the edge [J]. *Nat Electron*, 2018, **1**: 8-9.

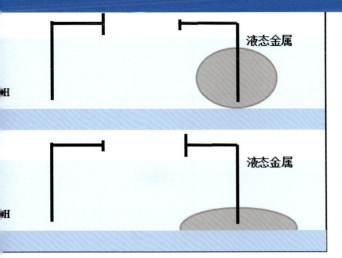
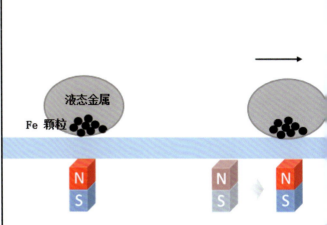
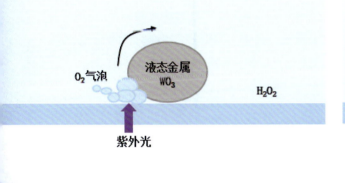
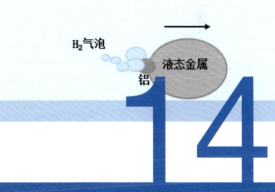

第 14 章

液态金属：
制造新型软体机器人新思路

近年来，针对室温液态金属的科学研究不断深入发展，以镓基合金为代表的室温液态金属在柔性电子、生物医学以及智能机器等领域表现出广阔的应用前景。其中，来自中国的研究团队发现室温液态金属—镓铟合金在碱性溶液中具有大幅度变形运动特性，表现出类生物的行为特性，为制造新型软体机器人提供新的研究思路。同时，基于液态金属自身的高顺应性和高导电性，液态金属在构建应用于软体机器人的柔性传感器和驱动器领域有着广阔的应用前景。

14.1 液态金属的特性

室温液态金属是指熔点低于 30℃ 的一类金属或合金材料。其中，汞是一种为大众所熟知的室温液态金属（熔点 –38.8℃），然而，金属汞易蒸发产生剧毒的汞蒸气这一特性严重限制了它的应用。近年来，以低熔点金属镓（熔点 29.8℃，沸点 2 204℃）为基础的室温液态金属合金材料凭借其相对稳定的物理性质，受到广泛关注，科研人员也基于此材料陆陆续续取得一系列的研究成果。镓基液态金属，例如镓铟合金（EGaIn：GaIn24.5）和镓铟锡合金（Galinstan：Ga68.5In21.5Sn10）的熔点低于元素金属镓。同时，不同的混合比率会影响液态金属的熔点以及其他物理特性（表 14–1）。

表 14–1　不同混合比例的液态金属材料的熔点及其他物理特性

	汞	镓	$GaIn_{24.5}$	$Ga_{68.5}In_{21.5}Sn_{10}$	$Ga_{67}In_{25}Sn_{18}Zn_{1}$	水
熔点 / ℃	–38.8	29.8	15.5	10.5	7.6	0
沸点 / ℃	357	2 204	2 000	1 300	900	100
密度 / [1000kg·m^{-3}]	1.353	6.08	6.28	6.36	6.5	1.0
黏度 / [10^{-7} m^2·s^{-1}]	13.5	3.24	2.7	2.98	0.71	11.2
表面张力 [牛顿 / 米] / [N·m^{-1}]	0.5	0.72	0.624	0.533	0.5	0.07
电热率 / [10^6sm^{-1}]	1	3.7	3.4	3.1	2.8	10^{-10}
热导率 / [w(m·k)$^{-1}$]	8.34	29.4	42.2	44.8	48.2	0.55
水的相容性	相溶	不相溶	不相溶	不相溶	不相溶	—

14.1.1　流动性

镓基液态金属材料表现出极好的流动性。研究表明，液态金属的运动黏度低于水（$2.5 \times 10^{-7} \sim 7.5 \times 10^{-7}$ m^2/s）。这种流动性特点使得液态金属可以直接注射到特定腔道中，并且可以适形地改变液态金属的形状以适应更为复杂的腔体。

14.1.2　固 – 液相变特性

当温度高于熔点时，液态金属显示出极好的流动性和柔韧性。而当温度低于熔点，液态金属显示出固态金属的机械强度。这种独特的液相 – 固相过渡机制，使得液态金属可以在较低温度下快速成型，用于制备各种形状的三维物体。

14.1.3　导电性

通常，金属的电导率远高于非金属材料。与非金属导电材料相比，液态金属在保持柔性的同时表现出更高的电导率（3.4×10^6 S/m），远高于非金属材料（碳：1.8×10^3 S/m，碳纳米管：5.03×10^3 S/m）。

14.1.4 生物相容性

由于蒸气压低且在水中的溶解度有限，基于镓的液态金属基本上无法进入人体，其细胞毒性远低于高毒性的金属汞。研究表明，长时间浸泡镓铟合金的水溶液中释放的镓离子浓度远低于安全标准。镓铟合金与生物细胞共同培养的实验表明细胞存活率接近100%。此外，将镓铟合金注射到小鼠皮下也没有明显的毒副作用。

14.2 机器人驱动方式

不同于传统的刚性机器人或者气动软体机器人，基于液态金属的软体机器人通常采用电场、磁场、光以及化学驱动的方式实现软体机器人的自身变形和运动，如图14-1所示。

14.2.1 电场驱动

相关研究表明，发现在电场调控下液态金属液滴在碱性溶液中具有多模式的运动和变形现象，并解释了液态金属的基本驱动原理。液态金属液滴在碱性溶液（NaOH 溶液）中缓慢释放 $[Ga(OH)_4]^-$，导致液态金属表面带负电并形成电双层。在电场作用下，液态金属液滴前后两侧的电荷密度分布不均，从而使得前后的表面张力不平衡。这种不平衡的表面张力推动了液态金属液滴的定向运动。

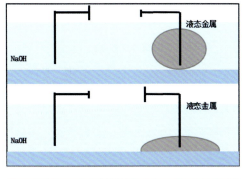
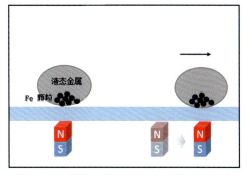
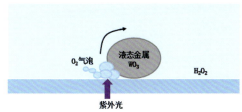
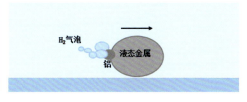

图 14-1　液态金属软体机器人的不同驱动方式[1]

14.2.2 磁场驱动

磁场驱动是另一种被广泛研究的液态金属软体机器人运动方式。例如，有研究人员将磁性金属电镀到液态金属液滴表面，或者在酸性溶液中将磁性金属颗粒浸润到液态金属中制备出磁性液态金属液滴，在磁场控制下实现液态金属液滴的定向运动和位置调控。而且利用液态金属的导电性，可以在磁场控制下使得液态金属液滴在狭窄管道内运动，用于电路的修复和连接。

14.2.3 光驱动

相关研究表明，氧化钨（WO_3）纳米颗粒附着在液态金属液滴表面，在过氧化氢溶液中，用紫外照射氧化钨（WO_3）纳米颗粒催化分解过氧化氢产生氧气，从而推动液态液滴的运动。

14.2.4 化学驱动

液态金属有一个有趣的液滴自驱动现象。相关研究发现液态金属液滴可以将金属铝作为燃料，驱动液滴的运动。在电解质溶液中，将金属铝放在液态金属液滴上，发现金属铝被液态金属吞噬溶解，并在液态金属液滴的周围出现大量气泡，这些气泡可以推动液态金属液滴进行定向运动。在该反应中，铝和液态金属之间的电化学反应使得金属铝失去电子，导致液态金属表面电荷分布不均，产生表面张力差驱动液态金属运动。更为重要的是，金属铝分解产生的大量气泡也推动了液态金属液滴的定向运动。

14.3 机器人传感

由于具有高电导率和在各种柔性基材上可调节的附着力，液态金属已被广泛用于制备可拉伸电子电路及传感器等领域，如图14-2所示。例如，将液态金属直接印刷在人体皮肤或软体机器人表面，制备功能性皮肤电子设备。此外，基于液态金属的拉伸传感器可跟随柔性基底的拉伸而产生形变，导致其电阻特性的改变，通过检测液态金属传感器的电阻变化即可获得基底的运动信息。这种液态金属拉伸传感器可用于检测气动软体机器人的运动变形，还可作为交互式运动传感手套，从而实现人机交互功能。

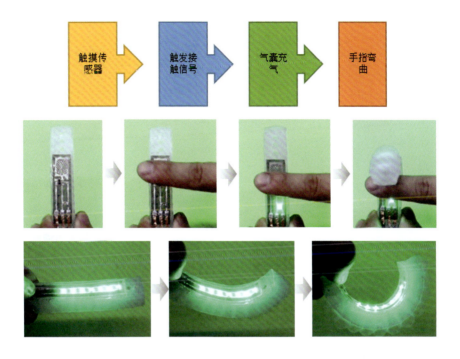

图 14-2 液态金属柔性电路用于机器人传感

参考文献

[1] WANG Xuelin, GUO Rui, LIU Jing. Liquid metal based soft robotics: Materials, designs, and applications [J]. ***Advan Mater Tech***, 2019, **4**(2): 1800549.

L-苯丙氨酸
天然氨基酸均为左旋，L-构型

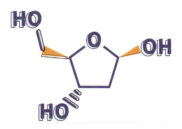

D-脱氧核糖
天然糖类均为右旋，D-构型

15

第 15 章

揭秘分子世界的"建筑师"：手性合成技术的妙用与未来展望

2021 年 10 月，德国科学家 Benjamin List 和美国科学家 David MacMillan 因在不对称有机催化方面的突破性贡献，被授予了诺贝尔化学奖。这一事件让手性合成再次成为社会各界讨论的热点话题。

什么是手性？为什么我们需要手性化合物？手性合成为何能对医药领域的发展产生深远影响？下面将从手性药物研发的视角，深入剖析手性合成的应用与未来。

15.1 生命体的"同手性"

当某种物质与其镜像体，如人的左手与右手，不能完全重叠时，该物质就具有了手性。手性是物质的一项基本性质，从分子到宏观物质，处处都存在着手性的身影。尽管生命体一般都比较"匀称"，看上去没有手性的特征，但生命体实际上就是由高度统一的手性环境构成的。组成生命体的基本结构单元——糖、氨基酸都是手性化合物，且不论种类如何变化，其全部单体均为同一构型的小分子，这一现象又被称为"同手性"，如图15-1所示。这些同手性的结构单元相互组合，有序地形成结构复杂的蛋白质、脱氧核糖核酸（Deoxyribonucleic acid，DNA）等，最终构成了精巧的生命系统。

由于高度统一的手性环境，生命体对不同手性的分子也有着不同的识别和应答。就比如最常见的葡萄糖，其结构中有4个手性中心，因此存在16种立体异构体，如图15-2所示。其中，葡萄糖和半乳糖可以被人体良好吸收利用，是常见的供能物质；而甘露糖、阿洛糖则会在短时间内被人体排出。但有报道显示，两者分别具有抗肿瘤[1]、缺血再灌注损伤保护[2]等药物功能。由此可见，手性作为化合物的结构"标签"，在生命代谢和信息传输的过程中发挥着重要的作用。

L-苯丙氨酸
天然氨基酸均为左旋，L-构型

D-脱氧核糖
天然糖类均为右旋，D-构型

图 15-1 生命体中的同手性单元

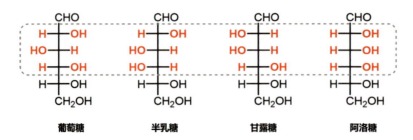

图 15-2 葡萄糖的部分立体异构体

15.2 药物分子中的手性

20世纪60年代，反应停事件触目惊心，沙利度胺（即反应停）本是治疗妊娠反应的镇静剂，然而人们对不同对映异构体的药理学作用不了解，导致全世界大量畸形婴儿诞生，如图15-3所示。两种对映体具有不同药效的例子数不胜数。各国药物管理法规均明确规定，对于手性药物，必须研究单一对映体的药物活性，这一规定就对手性物质的合成方法提出了更高的要求。

另外，在生命体的手性大环境下，手性药物，尤其是含有多个手性中心的药物，为人类抵御疾病、调节代谢做出了重要贡献。当前，各国药典所收录的药物中约有50%是手性药物，其中包括众所周知的阿莫西林、青蒿素、地塞米松等。因此，精准构建手性分子，成为了推动医药领域发展的基础科学问题。

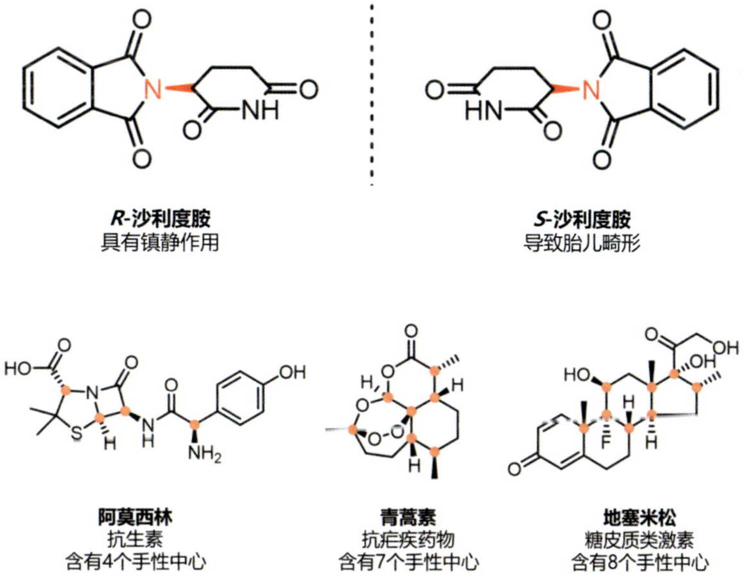

R-沙利度胺
具有镇静作用

S-沙利度胺
导致胎儿畸形

阿莫西林
抗生素
含有4个手性中心

青蒿素
抗疟疾药物
含有7个手性中心

地塞米松
糖皮质类激素
含有8个手性中心

图 15-3　手性中心药物分子

15.3 分子建筑师——手性合成

20世纪50年代以来，有机化学的发展进入了快车道。随着新物质被创造的速度日渐加快，人们越来越接近随意修改分子结构这一终极目标。药物的来源不再局限于从大自然中提取，化学合成也极大地减少了药物的获取成本，完全由人工设计合成的新药相继涌现。从分子构建的角度看，化学合成，尤其是手性合成，对医药领域主要有如下两点影响：

其一是化学修饰显著改变药物活性。从天然产物出发，通过简单的化学修饰，即可获得大量活性各异的衍生药物分子，此类方法也被称为半合成。市面上常见的药物大多通过半合成获得。比如头孢类抗生素[3]，天然的头孢菌素由顶头孢霉菌发酵而来，可以抑制伤寒杆菌，但因效力有限并未在临床中使用。以头孢菌素C为原料，经过半合成可获得更高效的衍生药物，目前已发展出五代、共六十余种抗菌性能不同的头孢类药物，药物活性与广谱性得到了极大的提高，耐药性在一定程度上得到了解决，如图15-4所示。

其二是全合成使从头构建药物分子成为可能。尽管半合成在药物研发中应用广泛，但其受到天然结构的限制，无法对一些位点进行修饰。要想进一步改造，就需要从基础化学原料出发，从头搭建药物分子结构，这一过程被称为全合成。随着手性催化技术的发展，越来越多的天然产物骨架被精准构筑。有机合成方法就像建筑师一样，将化学原料"砌块"堆成药物分子"大楼"，而其中手性中心的搭建，就需要手性合成这位"高级建筑师"来完成。

以抗血栓药物沃拉帕沙的研制为例，该药物最初的设计灵感源自天然产物喜巴辛[4]。在打通全合成路线后，研究人员通过对原料砌块的改造，对原始骨架进行了大范围的修改，经过多轮药物活性与合成路线的交替筛选，沃拉帕沙最终通过临床试验于2014年上市。尽管在现有技术条件下，精准构建多手性中心的天然产物骨架仍较为困难，但化学合成驱动的药物发现为新药创制开辟了一片新的天地。

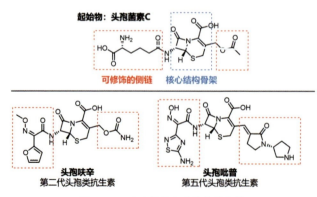

图15-4　头孢类抗生素的化学修饰

15.4 手性合成发展前瞻

如今，手性合成以手性催化和辅基策略为主，通过对催化剂的设计实现高效的手性物质构建。近 20 年来，诺贝尔化学奖三次（2001、2018、2021）授予了手性催化相关的研究，手性合成已经深刻地改变了这个世界，推动了医药、农业领域的长足发展，未来也将在材料科学、信息科学等领域大有作为。现阶段，手性合成研究主要集中于如下三个方面[5]。

其一是实用化。尽管手性合成已得到了巨大的发展，多数现有方法仍存在催化剂用量高、普适性较差、反应量级较低等问题，难以从学术论文走向工业生产。设计新型手性催化剂，发展新策略新方法，实现手性物质的高效、多样性、经济性合成，是今后的重要发展方向。

其二是精准化。自然界为人类提供了众多复杂但结构新颖的手性化合物，是新药研发的重要灵感来源，但其复杂的结构对于现有的合成技术来说仍然是巨大的挑战。含有多官能团、多手性中心的复杂天然产物分子的精准构筑，已成为手性合成领域亟待解决的重要问题。发展精准合成策略，也将推动有机化学与生命科学、环境科学等其他学科的深度交叉融合。

其三是智能化。信息革命正在逐渐改变传统的化学研究模式：理论模拟技术为反应的理性设计提供数据支撑；自动化合成技术正在逐步解放研究人员的重复劳动；机器学习与实验数据库的结合将进一步挖掘冰山下科学规律，促进人们对化学原理的深入理解。人工智能在化学中的应用将为手性合成带来新的动力和机遇。

参考文献

[1] 陈颖怡，杜鹃，罗振华，等. 甘露糖的生物学作用研究进展 [J]. 口腔生物医学，2022, **13**(2): 116-119.

[2] 付奕豪，张磊，高大宽. D-阿洛糖减轻缺血再灌注损伤分子机制的研究进展 [J]. 成都医学院学报，2022, **17**(4): 530-533.

[3] Lima M L, Monteiro da Silva N B, Barbosa G, et al. β-lactam antibiotics: An overview from a medicinal chemistry perspective [J]. *Europ J Medi Chem*, 2020, **208**: 112829.

[4] 郭宗儒. 药物化学总论 [M]. 北京：科学出版社，2019: 315-322.

[5] 中国化学会. 2018—2019 化学学科发展报告 [M]. 北京：中国科学技术出版社，2021: 224-247.

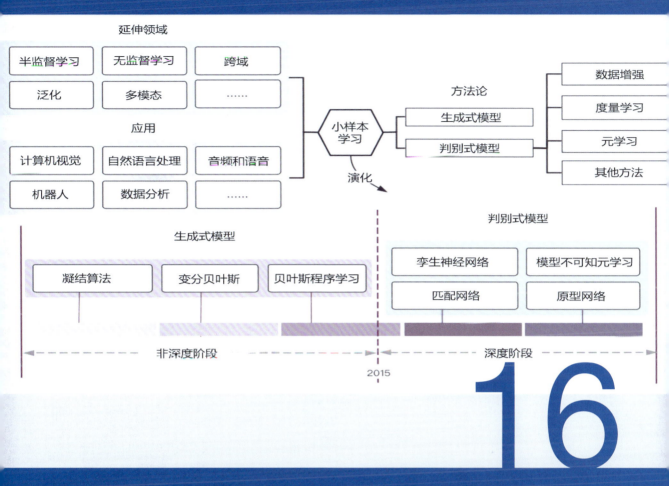

第 16 章

自然语言处理领域
小样本学习在智慧司法中的应用

小样本学习是利用数量较少的样本进行模型训练的机器学习方法，在样本总量少、标注成本高的场景中具有一定优势。在智慧司法领域，裁判文书等多为非结构化的长文本数据，对标注人员的专业知识要求高，数据集制作成本昂贵。小样本学习能够有效降低标注成本，提升模型通用性，在智慧司法领域天然具有广阔的应用前景。

16.1 自然语言处理领域小样本学习的发展历程和基本模型

"人造自动机的记忆要求，需要比天然自动机更加系统化、严密化。"[1] 机器学习以模拟人脑思维为基本过程，但相较于人类学习，机器学习对数据具有强依赖性，难以适应样本量较少、标注成本较高的场景。由此，小样本学习应运而生。

16.1.1 小样本学习的发展历程

小样本学习（Few-Shot Learning, FSL）的基本理念可类比为儿童通过少量动物图像或其描述即可识别出该种动物，由此产生了旨在降低传统机器学习模型样本依赖性的小样本学习、零样本学习、元学习等概念[2]。小样本学习利用样本的关键特征进行学习和预测，在应对样本总量或标注样本量较少的现实问题中具有优势。同时，低依赖于端到端（end-to-end）[3]的特性亦使得其安全性得到一定提升[4]。

从 2000 年开始至今，小样本学习经历了从传统机器学习到深度学习的两个阶段，如图 16-1 所示。2000 年，E. G. Miller 等提出了凝结算法，将数字图像中测试对象与特定类别的凝结图像相匹配[5]。变分贝叶斯（Variational Bayes，VB）框架对单样本学习的概念进行了阐释，通过贝叶斯程序学习（Bayesian Program Learning，BPL）模拟人类的组合、因果、想象等概念认知过程[6-8]。孪生卷积网络（Siamese Convolutional Neural Networks，SCNN）弱化了标签的概念，使得模型能够适用于未经训练过的类别数据，从而实现小样本学习[9, 10]。

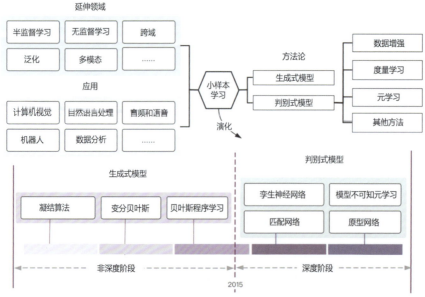

图 16-1 小样本学习（FSL）的发展历史、方法论、扩展主题和应用

16.1.2 自然语言处理领域小样本学习的基本模型

数据挖掘的一般过程包括数据采集和存储、数据清洗、数据分析集成等，其中自然语言处理（natural language processing, NLP）主要讨论如何处理、运用以文本为载体的自然语言数据。中文的自然语言预处理主要是对清洗后的文本进行分词和标准化，包括统计语言模型（N-gram）、中文名称词频-逆文档频率算法（Term Frequency–Inverse Document Frequency, TF-IDF）、贝叶斯等方法，进而能够对词句级别的文本数据进行分析，实现包括命名实体识别、关键词提取等下游任务。近年来以神经网络语言模型（Neural Network Language Model, NNLM）[11]、词向量（Word2vec）[12]、全局词频统计的词表征（Global Vectors For World Representation, glove）[13]、大规模语义模型（Embeddings From Language Models, ELMo）[14]、生成式预训练模型（Generative Pre-Trained Transformer, GPT）[15]、用于语言表征的预训练模型（Bidirectional Encoder Representation From Transformer, Bert）[16]为代表的神经网络预训练技术也愈渐受到关注，极大提升了下游任务性能。[17]自然语言处理领域经典的小样本学习技术可分为如下三类：基于预训练模型、基于知识蒸馏和数据增广，以及基于迁移学习。

预训练模型（pre-trained models）指先在公开的大规模数据集上对数据的一般性特征进行学习，获得预训练模型，再在具体的数据集上学习特定数据特征，得到最终模型，实现"从一般到特殊"的过程。以百度文心 ERNIE3.0 模型为例，其构建了多范式的大规模预训练框架，使得最终模型能够广泛适用于各行各业的任务，如图 16-2 所示。

机器学习是数据驱动的学习算法，在数据有限的小样本学习任务中，通过知识蒸馏（knowledge distillation）、数据增广（data

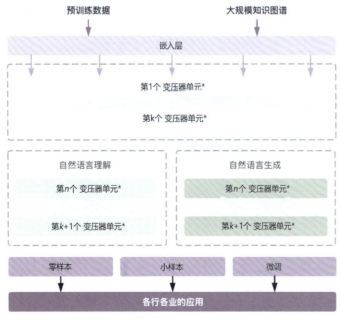

图 16-2 百度文心 ERNIE 3.0 模型训练过程

augmentation）等技术，可以给模型更多的信息源，进而显著地提升模型性能。[18] 知识蒸馏是指模型从其他已经训练好的模型中获取知识的过程，为模型训练提供了除训练数据外的知识来源。如微小用于 Bert 模型，基于已训练好的大模型用于 Bert 模型实现自身的模型构建，如图 16-3 所示。[19] 数据增广是指对样本集的质量和总量进行增扩的过程，通过提升训练数据质量来提升模型性能。在自然语言处理中，通常通过机器翻译，词语替换等方式对数据进行增扩。

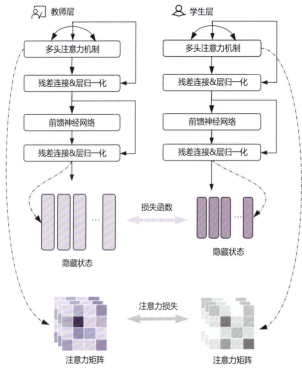

图 16-3　变压器层蒸馏的详细信息

迁移学习（transfer learning）是将源领域的知识迁移到目标领域以取得更好学习效果的机器学习方法，如图 16-4 所示。迁移学习与心理学中的迁移泛化理论密切相关。[20] 在实践中，重用或转移已有知识能够显著提高模型训练的效率。与预训练模型相比，迁移学习注重两个具体场景间的迁移，而预训练模型则更注重通用性模型的训练，此后再在具体任务上进行微调以适应特定场景。[21]

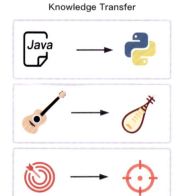

图 16-4　迁移学习的直观示例

16.2 智慧司法领域小样本学习的应用背景

智慧司法的发展是法律处理数字化、法规推荐自动化、案件分析智能化等一系列过程。20世纪70年代美国等国家首先研制了基于人工智能的法律推理、模拟分析、专家系统。80年代我国的盗窃罪量刑模型、刑法专家系统也陆续出现[22]。近年来，基于深度学习的自然语言处理技术成为法律科技研究的重点[23]。2018年，司法部发布《"数字法治、智慧司法"信息化体系建设指导意见》，对机器翻译、智能客服、文本提取、知识图谱构建等技术在司法领域的应用给出了提纲挈领的指导[24]。

机器学习原理可视为数据输入输出间的函数关系拟合[25]，人工智能的迅速发展离不开云计算和大数据提供的算力和样本支持。但在智慧司法领域，裁判文书多为非结构化的长文本数据，尽管具有统一的制作格式，但在撰写方式上并未完全形成标准化规范，数据集制作需要耗费较多的人力和时间成本。此外，司法裁判中，不同案件的裁判规则大相径庭，一方面需要标注人员具备较高的专业知识和素养，增加了数据标注的人力成本，另一方面，部分案件的样本总量不足，在训练时易出现过拟合，导致歧视和偏差等问题。

在此背景下，小样本学习仅通过少量样本即可依赖于关键信息进行训练，达到与大规模训练相近似的效果，在智慧司法领域无疑有着重要意义。

16.3 智慧司法领域小样本学习的应用案例

司法实践中存在大量的自然语言处理应用场景，如量刑预测、争议焦点识别、犯罪金额要素提取等。小样本学习在智慧司法领域能够较好地完成文本分类和命名实体识别等任务，利用有限的案例文本进行学习和预测。此处以飞桨自然语言处理开发库（Paddle Natural Language Package，PNLP）在交通肇事罪中的多任务文本分类和命名实体识别场景为例，对小样本学习在智慧司法中的应用案例进行分析。

飞桨自然语言处理开发库是百度飞桨提供的自然语言处理模型库之一，包含内置数据集和预训练模型，通过调用工作流（Task Flow）中的模块，可以对数据集进行分词、关系抽取、命名实体识别等操作[26]。交通肇事罪的多任务场景中，文本分类任务（classification）的标注字段可包括案例序号、文本内容、所属刑档等信息，命名实体识别任务（Named Entity Recognition，NER）的标注字段可包括犯罪嫌疑人和被害人的基本情况、所使用交通工具、责任认定、事故发生地等信息，如图 16-5 所示。在这两个任务中，通过对预训练模型进行微调，最终模型在测试集上可以达到 87%～90% 的准确率[27]。由此可见，小样本学习能够在案例数据不到 1 000 条的情况下较好地完成文本分类和命名实体识别任务，在样本有限的智慧司法领域有着良好的应用前景。

文本分类标注样本格式		
id	案例中文本的唯一标识符	
data	文本内容，文书中事实描述部分	
label	案件要素	是否当前案件要素
		是/否
	刑档	文书对应刑档
		一档/二档/三档
命名实体识别标注样本格式		
id	案例中文本的唯一标识符	
text	文本内容，文书中事实描述部分	
entities	id	实体编号
	start_offset	开始位置
	end_offset	结束位置
	label	犯罪嫌疑人/被害人
		当事人类型/基本情况
		所使用交通工具
		事故发生地
		责任认定
		……

8 [{'犯罪嫌疑人情况': [{'text': '汤某某', 'start': 26, 'end': 29, 'probability': 0.9804941590545013}], '犯罪嫌疑人交通工具': [{'text': '无号牌五征自卸三轮汽车', 'start': 33, 'end': 44, 'probability': 0.9146301136330237}], '犯罪嫌疑人交通工具情况': [{'text': '无号牌五征自卸三轮汽车', 'start': 33, 'end': 44, 'probability': 0.9096077829498199}], '被害人交通工具': [{'text': '无号牌五征自卸三轮汽车', 'start': 33, 'end': 44, 'probability': 0.7048415518849538}], '事故发生地': [{'text': '信阳市浉河区东双河镇杜河村至翟洼村道路由西向东行驶至翟洼村松楼组处路段', 'start': 45, 'end': 80, 'probability': 0.5590969510999884}], '被害人交通工具': [{'text': '无号牌五征自卸三轮汽车', 'start': 33, 'end': 44, 'probability': 0.7607042811717406}]}]

图 16-5　案例命名实体识别结果示例

16.4　智慧司法领域小样本学习的优化路径探讨

智慧司法领域的小样本学习一定程度上改善了传统机器学习方法对司法大数据具有较高

依赖性的问题，但过于有限的数据也不可避免会引入模型过拟合的问题。如何利用小样本学习的特性，增强与法律场景的适配性是提高智慧司法模型应用能力的关键。

首先，注意智慧司法小样本数据集的质量控制。小样本学习的效果与元数据的信息量存在直接联系，在样本数量有限的情况下，提升元数据质量才能保证模型的训练效果。针对刑事、民事、行政领域的不同的样本及自然语言处理任务，可对样本总量、案件分布情况、标注情况进行初步的统计分析，对于样本总量或标注数量不足的案件，灵活调整数据集制作策略，以适应智慧司法领域小样本学习的样本质量要求。

其次，利用数据增广技术弥补部分司法场景样本数量不足的劣势。策略性地对样本进行数据增广是发挥小样本学习优势的关键。计算机视觉领域常利用灰度变换、大小变换等方式对图像进行处理，以增强模型的通用性；在自然语言处理领域，数据增广的核心在于实现"语义不变的形式变换"，包含词汇替换、机器翻译、随机噪声等多种实现方式，与语言逻辑学息息相关[28]。通过对关键信息的不同表述形式进行训练，模型能够适应不同写作者的语言风格，进而识别具有较高信息熵的关键属性，在不同类型的裁判文书中寻找异同点，更好地适应智慧司法的应用场景。

再次，灵活结合多种策略开展小样本学习。人工智能与司法的结合不仅仅是通用技术的移植，更是针对司法领域的人工智能产品设计。智慧司法领域的小样本学习可通过预训练模型应用、迁移学习等路径进行。在利用预训练模型进行处理时，可通过集成学习、多模融合等方式，综合利用用于模型、生成式预训练模型 3 代（GPT3）等模型，比较多个不同模型及其组合的训练效果，提升小样本学习的效度。在多任务场景中，可关注任务间的共性和个性，探索小样本学习对不同类型的裁判文书的迁移和适应能力。

最后，提升智慧司法小样本学习模型的可解释性。里斯本的学者提出，数据驱动的自动化方法具有可伸缩性，但存在缺乏透明度和可解释性的问题[29]。这在以"自由心证"为证据制度的现代法治社会中值得进一步探究[30]。

16.5 结语

智慧司法领域，数据主要为非结构化长文本类型。实践中，法律文书标注成本高、司法裁判案件分布不均，均会导致传统模型表现不佳。自然语言处理领域的小样本学习技术能够有效降低裁判文书标注成本、提升司法大数据的利用效率，在智慧司法领域有广阔的应用的场景。以中文预训练模型为例，通过少量的案例数据进行小样本学习，就可以在文本分类、命名实体识别等多任务中取得优越表现。小样本学习可以进一步在样本质量控制、数据增广、结合多种模型以及提高可解释性等角度进行优化，让人工智能技术可以更好地在智慧司法领域投入实践。

参考文献

[1] 冯·诺依曼. 计算机与人脑 [M]. 甘子玉，译. 北京：商务印书馆，2001: 37-38.

[2] 李凡长，刘洋，吴鹏翔，等. 元学习研究综述 [J]. 计算机学报，2021, **44**(2): 422-446.

[3] 韩家炜，Micheline K. 数据挖掘概念与技术 [M]. 范明，孟小峰，译. 北京：机械工业出版社，2012: 399-400.

[4] QI Guojun, LUO Jiebo. Small data challenges in big data era: A survey of recent progress on unsupervised and semi-supervised methods [J]. *IEEE Trans Patt Anal Mach Intel*, 2020, **44**(4): 2168-2187.

[5] Miller E G, Matsakis N E, Viola P A. Learning from one example through shared densities on transforms[C] // *Proceed IEEE Conf Comput Vision Patt Recognit*, IEEE, Hilton Head, South Carolina, 2000, **1**: 464-471.

[6] LI Fefei. A Bayesian approach to unsupervised one-shot learning of object categories[C] // *Proceed 9th IEEE Int'l Conf Comput Visio*. IEEE, 2003: 1134-1141.

[7] LI Fefei, Fergus R, Perona P. Learning generative visual models from few training examples: An incremental Bayesian approach tested on 101 object categories [C]// *2004 Conf Comput Visio Patt Recog Workshop*, IEEE, 2004: 178.

[8] LI Fefei, Fergus R, Perona P. One-shot learning of object categories [J]. *IEEE Trans Patt Anal Mach Intel*, 2006, **28**(4): 594-611.

[9] Krizhevsky A, Sutskever I, Hinton G E. Imagenet classification with deep convolutional neural networks [J]. *Commun ACM*, 2017, **60**(6): 84-90.

[10] Szegedy C, LIU Wei, JIA Yangqing, et al. Going deeper with convolutions[C]// *Proceed IEEE conf Comput Visio Patt Recog*, IEEE, Boston, MA, USA, 2015: 1-9.

[11] Bengio Y, Ducharme R, Vincent P. A neural probabilistic language model [J]. *Advan Neural Info Process Syst*, 2000, **13**: 1-2.

[12] Mikolov T, CHEN Kai, Corrado G, et al. Efficient estimation of word representations in vector space [J]. *Comput Sci*, 2013(1)：1-12.

[13] Pennington J, Socher R, Manning C D. Global vectors for word representation[C] // *Proceed 2014 Conf Empi Method Natur Langu Process (EMNLP)*, Association for Computational Linguistics, Doha, Qatar, 2014: 1532-1543.

[14] Sarzynska-Wawer J, Wawer A, Pawlak A, et al. Detecting formal thought disorder by deep contextualized word representations [J]. **Psychiatry Res**, 2021, **304**: 114-135.

[15] Radford A, Narasimhan K, Salimans T, et al. Improving language understanding by generative pre-training [EB/OL]. 2020. [2022-10-05]. https://cdn.openai.com/research-covers/ language-unsupervised/ language_understanding_paper.pdf.

[16] Kenton J D M W C, Toutanaova l K. Pre-training of deep bidirectional transformers for language understanding [C] // *Proceed naacL-HLT*. Association for Computational Linguistics, Minneapolis, Minnesota, 2019: 4171-4186.

[17] CHEN Deguang, MA Jinlin, MA Ziping, et al. Review of pretraining techniques for natural language processing [J]. **J Front Comput Sci Tech**, 2021, **15**(8): 1359-1389.

[18] Kamalloo E, Rezagholizadeh M, Ghodsi A. When chosen wisely, more data is what you need: A universal sample-efficient strategy for data augmentation [C] // *Annu Meet Asso Comput Linguist (ACL)*, 2022(1): 1048-1062.

[19] JIAO Jiaoqi, YIN Yichun, SHANG Lifeng, et al. Tinybert: Distilling bert for natural language understanding [C] // *Conf Empir Method Natu Langu Process (EMNLP)*, 2019(1): 4163-4174.

[20] ZHUANG Fuzhen, QI Zhiyuan, DUAN Keyu, et al. A comprehensive survey on transfer learning [C]// *Proceed IEEE*, 2020, **109**(1): 43-76.

[21] WU Lin, WANG Yang, YIN Hongzhi, et al. Few-shot deep adversarial learning for video-based person re-identification [J]. **IEEE Trans Imag Process**, 2019, **29**: 1233-1245.

[22] 谭铁牛. 人工智能的历史、现状和未来 [J]. 求是，2019(2): 6-7.

[23] 洪文兴，胡志强，翁洋，等. 面向司法案件的案情知识图谱自动构建 [J]. 中文信息学报，2020, **34**(1): 34-44.

[24] 叶钒. 司法智能化的理论与实践 [J]. 法学，2021, **9**(6): 649-650.

[25] 周志华. 机器学习 [M]. 北京：清华大学出版社，2016: 9-10.

[26] Brown B T, Mann B, Ryder N, et al. Language models are few-shot learners. Advances in neural information processing systems [C] // *Proceed 34th Int'l Conf Neur Info Process Syst*. Curran Associates Inc., NY, U.S, 2020 (33): 1877-1901.

[27] ALEX LIU. 基于 PaddleNLP 的 LAIC2022 小样本多任务学习 [EB/OL]. (2022-11-01). [2022-10-05]. https:// aistudio.baidu.com/projectdetail/4944060.

[28] Chaudhary A. A visual survey of data augmentation in NLP [EB/OL]. (2020-10-08). [2022-10-05]. https://amitness.com/2020/05/data-augmentationfor-nlp/.

[29] Dias J, Santos P A, Cordeiro N, et al. State of the art in artificial intelligence applied to the legal domain [J]. *ARXIV*, 2022(1): 1-5.

[30] LV Xin, GU Yuxian, XU Han , et al. Adapting meta knowledge graph information for multi-hop reasoning over few-shot relations[C]// *Proceed 2019 Conf Empir Method Natu Langu Process, 9th Int'l Joint Conf Natu Langu Process*, Association for Computational Linguistics, Hong Kong, China, 2019: 3367-3372.

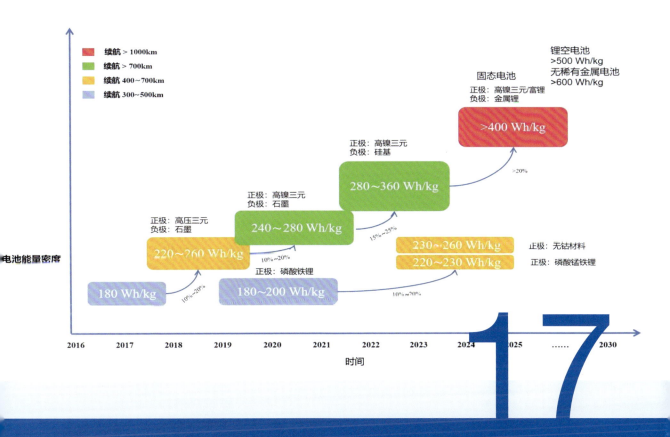

第 17 章

固态电池迎风口，产业布局见端倪

近年来，我国新能源汽车高速发展，产量连续八年位居全球第一。新能源车快速发展，随之而来的是安全、续航、成本等各个方面的问题。现阶段传统液态电池受电解液和材料本身的限制，在续航和安全上有相应的问题，亟须在电池技术方面寻求新的突破。固态电池由于其出色的安全性与能量密度，被广泛认为是下一代电池技术的主流选择，其产业化布局初见端倪，不断加速。

17.1 固体电解质，助力固态电池性能飞跃

电气化和新能源汽车的蓬勃发展，对电池提出了更高的能量密度和安全性要求。传统的液态锂离子电池具有一定缺陷，阻碍了液态锂离子电池的进一步应用[1,2]：① 传统液态锂离子电池的安全性有上限。有机易燃电解液在剧烈的撞击等条件下会存在一定的安全隐患，且液态电池隔膜的耐热极限约为160℃，超过此温度后聚合物会转化为流动态，导致正负极直接短路；② 液态锂电池的材料体系逐渐达到上限。当前液态锂电池能量密度上限约为 350W/(h·kg)，目前基于氧化物正极与石墨负极的传统锂离子电池的能量密度越来越接近其理论上限。使用固态电池代替传统液态电池是解决该问题的有效策略，如图 17–1 所示[3]。

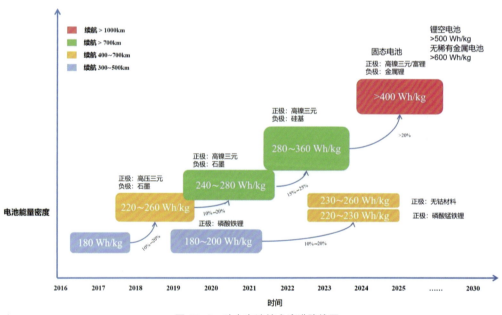

图 17–1　动力电池技术演进路线图

固态电池是一种使用固体电极和固体电解质的电池。相比液态电池，固态电池具有以下优势，如图 17–2 所示。

高能量密度：全固态电池电化学窗口可达 5V 以上，高于液态锂电池（4.2V），可以匹配高能正极和金属锂负极，大幅提升理论能量密度。当前液态锂电池能量密度已经逐渐逼近上限（350W/(h·kg)），而固态电池能量密度有望达到 500W/(h·kg) 甚至更高。

高安全性：固态电解质能够在一定程度上抑制枝晶的生长，而且由于固态电解质的不可燃性，可以防止电池短路，大大降低了电池热失控的风险。

固态电解质是固态电池的核心部件，是实

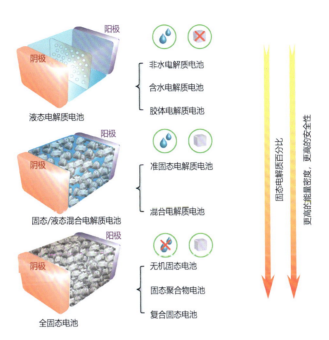

图 17-2 主要锂离子电池的分类示意图，根据液体含量和固态电解质含量分为三类[7]

现固态电池高能量密度、高循环稳定性和高安全性能的关键。依据固态电解质材料的不同，主要分为聚合物、氧化物与硫化物三种[4]，其中聚合物电解质属于有机电解质，氧化物与硫化物属于无机陶瓷电解质。

聚合物、氧化物和硫化物三种主流技术路线各有其特点，如表 17-1 所示。

（1）聚合物路线分为聚氧化乙烯（PEO）固态聚合物、聚碳酸酯体系、聚烷氧基体系与聚合物锂单离子导体基体系，优点是质量轻、易加工、界面阻抗低等；目前已实现小规模量产，但其离子电导率低、电化学窗口窄，至今没有大规模应用；其主要提升空间通过混合多种材料、更新材料等方式，向高性能聚合物电解质方向发展。

（2）氧化物路线主要包含薄膜型、非薄膜型，具有较好的稳定性。热稳定性高达 1 000℃，机械稳定性和电化学稳定性非常好，并且离子电导率比聚合物更高，电压窗口高，研发成本和难度较低，是目前综合性能较为优异的固态电池。但缺点是相对于硫化物，离子电导率偏低，存在刚性界面接触问题，界面阻抗严重。主要发展方向是通过制备、改性、参杂、引入界面层等改善离子电导率和稳定性等。

（3）硫化物路线主要分为硫化结晶锂超离子导体（Thio-LiSICON）、特定结晶结构型（LGPS）与锂-硫银锗矿型（Li-aegyrodite），是三种材料体系中离子电导率最高的，并且电化学稳定窗口较宽（5 伏以上），具有工作性能表现优异，且质地较为柔软，可塑性强，与锂金属相容等特点。缺点是化学稳定性差，界面不稳定，容易与正负极材料发生副反应，造成界面高阻抗，导致内阻增大。另外，在制备工艺层面，因硫化物本身的特性，容易与空气中的水、氧气反应产生硫化氢剧毒气体，需要添加特殊手段，降低制造成本，制备出更合适的电解质材料。

表 17-1　三大固态电解质体系及特点

固态电解质类型	聚合物固态电解质	氧化物固态电解质	硫化物固态电解质
主要研究体系	PEO 固态聚合物体系；聚碳酸酯体系；聚烷氧基体系；聚合物锂单离子导体基体系	非薄膜：钙钛矿型；石榴石型（锂镧锆氧 LLZO 等）；NASICON 型（磷铝钛锂 LATP）；LISICON 型；薄膜：LiPON 型	Thio-LiSICON 型；LGPS 型；Li-aegyrodite 型（锂硫银锗矿类）
离子电导率	室温：$10^{-7} \sim 10^{-5}$ S/cm；65℃~78℃：10^{-4} S/cm	$10^{-6} \sim 10^{-3}$ S/cm	$10^{-4} \sim 10^{-2}$ S/cm
优点	灵活性好；易加工；剪切模量低；不与锂金属反应	化学、电化学稳定性高；机械性能好；电化学氧化电位高	电导率高（媲美液态电解液）；机械性能好；晶界阻抗低
缺点	离子电导率低；电化学窗口窄（<4V）	界面接触差	化学稳定性差，易氧化，水汽敏感
研究方向	与其他材料共混共聚或交联，形成有机-无机杂化体系，提升性能	替换元素或掺杂同种异价元素提升电导率	提高电解质稳定性，降低生产成本，元素掺杂发挥各元素协同作用

17.2　优势明显，技术与工艺仍需突破

相对传统电池，固态电池优势明显，具有高能量密度、高循环稳定性和高安全性能的特点。然而，目前在实现全固态电池的过程中仍存在很大的阻碍，主要包括以下三个方面：① 固-固界面接触导致电池内阻较大，循环性能、倍率性能差；② 离子电导率不高，现有的固态电解质导电率相较液态电解质低 1~2 个数量级；③ 当前由于未产业化，全固态电解质成本较高[5,6]。因此，在实现固态电池量产上还面临许多技术和工艺难题，如图 17-3 所示。

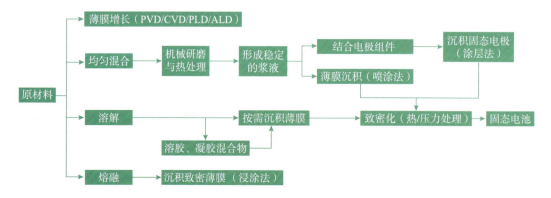

图 17-3　固态电池生产工艺流程

全固态电池的投用尚需时日，当前固态电池的发展采取循序渐进的方式。依据材料体系的变化，固态电池的技术进步路线可以分成三个阶段：

（1）传统液态电解液替换为固态电解质，正负极材料不变。该阶段通过减少电解液用量，理论上对安全性有一定提升，但由于正负极材料体系没有本质变化，主要还是高镍三元＋石墨掺硅的正负极体系，无法进一步提高能量密度。

（2）负极换成金属锂，正极材料不变。基于锂金属负极的固态电池能够显著提升能量密度，成本也比传统液态电池更低，是固态电池降本的关键，但锂金属负极还面临许多科学和技术问题。

（3）负极用金属锂，正极换成更高能量的材料。在锂金属负极的基础上，通过正极材料的更新换代能够继续提升能量密度，但技术上需要解决的问题更多，实现周期也更遥远。

同时，全固态锂电池与传统锂离子电池生产工艺存在一定区别。目前主流的电池制备工艺有叠片工艺和卷绕工艺，全固态锂电池对现有电池制备工艺可以部分兼容，但在部分环节也需要进行一定的调整，如对环境、极片切割、烧结/回火等有了新的需求。固态电池的制造成本大于锂电池的制造成本，主要原因是原材料成本高于传统锂电池以及固态电池所依赖的固态电解质等成本显著上升。未来可以通过材料性能提升、生产工艺简化和电芯结构创新等方式解决这些问题，实现大规模量产和应用后，成本可得到一定程度地降低。

17.3 前景广阔，产业布局初见端倪

基于安全性和能量密度上的优势，固态电池已成为未来锂电池发展的一条重要路径，全球各国都在积极推进固态电池的研发和产业化，行业前景广阔。整体来看，目前我国固态电池行业正处于起步阶段，产业化进程仍处于早期。中国国内多家传统车厂、新能源初创企业、科研队伍，都在发力固态电池的量产和商业化使用。2022年，卫蓝新能源、太蓝新能源、绿霆动力、恩力动力、高能时代、清陶新能源、瑞逍科技等企业都完成了，如图17-4所示。根据中商产业研究院预测，到2030年，中国固态电池出货量将达251.1Gw/h，全球固态电池出货量将达500Gw/h。

未来，固态电池发展的关键点主要体现在

基础科学和产业化技术方面。

基础科学：① 离子电导率的研究：离子传输特性和机制研究尤为重要，特别是界面处的离子传输特性和机制研究；② 多尺度和多维度表征与仿真：原位表征阐述固态电池复杂的界面行为绘制固态电池运行全貌；③ 高通量技术与大数据挖掘：预测界面化学电化学行为，大数据选择合适的材料体系；④ 新化学体系：锂硫电池（Li-S）和锂空气电池（Li-Air）。

产业化技术：① 低成本材料规模化生产：贵金属元素替换和低成本制造工艺；② 金属负极挑战：制造和保护将成为巨大的技术难点；

③ 界面工程学和原位固化：界面修饰的一般性原则和原位固化润湿；④ 新型电池设计：进一步提升能量密度。

图 17-4 显示了我国固态电池产业竞争格局。

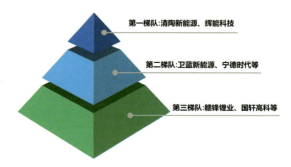

图 17-4　我国固态电池产业竞争格局

17.4 结语

随着全球新能源汽车产业的持续爆发式增长，传统的电池技术已经越来越难以满足新能源汽车不断提高的安全、续航、成本等要求。固态电池以其出色的理论性能，热度不断提升，产业化进程不断加速。然而，限于技术性能和成本因素，固态电池离大规模在电动汽车和储能等领域应用，仍有很长的路要走。

参考文献

[1] Scrosati B, Hassoun J, Sun Y K. Lithium-ion batteries: a look into the future [J]. *Energ Envir Sci*, 2011, **4**: 3279-3287.

[2] Nitta N, WU Feixiang, Lee J T, et al. Li-ion battery materials: present and future [J]. *Mater Today*, 2015, **18**: 252-264.

[3] Takada K. Progress and prospective of solid-state lithium batteries [J]. *Acta Materialia*, 2013, **61**: 759-770.

[4] 徐红杰，汪光辉，苏钰杰，等. 双碳背景下的新能源固态电池材料理论设计与电池技术开发进展 [J/OL]. 过程工程学报. [2023-06-29]. http://kns.cnki.net/kcms/detail/11.4541.tq.20230626.0925.002.html.

[5] 甄文媛. 重新梳理动力电池技术路线与前景 [J]. 汽车纵横，2018, **83**(2): 58-61.

[6] 李泓，许晓雄. 固态锂电池研发愿景和策略 [J]. 储能科学与技术，2016, **5**(5): 607-614.

第 18 章

从能源系统中薄膜电容器的视角来看碳排放与碳减排

气候变化与资源紧缺等迫切难题提醒着各国加快实现碳中和的步伐。能源行业是主要的二氧化碳排放行业,受到了广泛的关注。薄膜电容器凭借高可靠性与长寿命等特质,在能源系统中起到储能、滤波、直流电压隔离等重要作用。然而,它的生产工艺复杂且能耗高。所以,有必要探索薄膜电容器制造过程中的碳排放及其在帮助可再生能源消纳进而减少碳排放方面的潜力。

本章内容首先阐明了薄膜电容器在能源系统中的定位与作用,之后研究了薄膜电容器及其主要应用设备的需求和它们对碳排放的可能影响,并分析了薄膜电容器生产过程中的碳排放,进行了薄膜电容器减少碳排放的案例研究。最后,从薄膜电容器的角度提出了促进碳中和的建议。

18.1 挑战：传统硬件系统无法满足智能应用需求

可再生能源风能和太阳能具有波动性、间歇性和不确定性。同时，可再生能源发电的大规模、分布式接入和远距离传输对能源系统的调整能力和适应性提出了较为严苛的要求，于是人们开始采用先进的技术来应对这些问题。薄膜电容器凭借其优异的性能，成为了大量可再生能源接入能源系统中能源生产、能源传输、能源使用和能源存储各环节处的关键器件。为了更清楚地理解，图 18-1 中标记了薄膜电容器在能源系统中发挥作用的位置[1]。在这些地方，薄膜电容器将起到储能、滤波、直流电压隔离、调谐、旁路等作用。

图 18-1　薄膜电容器在能源系统中发挥作用的位置

18.2 薄膜电容器及其主要应用设备的需求

为了进一步了解薄膜电容器的重要性，并深入研究薄膜电容器生产过程中的碳排放以及其帮助可再生能源消纳的潜力，我们可以通过 Technavio 公司的市场规模展望[2]和得捷电子

（Digi-Key）市场上薄膜电容器的主要价格来间接计算薄膜电容器的需求。

如图 18-2 所示，世界对薄膜电容器的需求从 2019 年的 8.27 亿增长到了 2024 年的 9.91 亿。这个巨大的数量和不断增长的需求值得关注。此外，对薄膜电容器的重要应用设备风机（Wind Turbine，WT）[3]、光伏（Photovoltaic，PV）[4]、电动汽车（Electronic Vehicles，EV）[5] 和家用电器（Home Assistant，HA）[6] 的历史需求数据进行了调查和整理。结合趋势预测，得出 2019 年至 2024 年风机、光伏、电动汽车和家电对薄膜电容器需求量如图 18-3 所示。

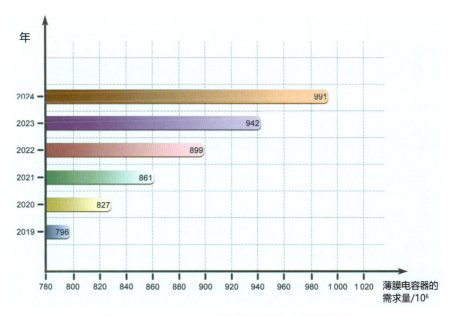

图 18-2　2019—2024 年世界对薄膜电容器的需求量

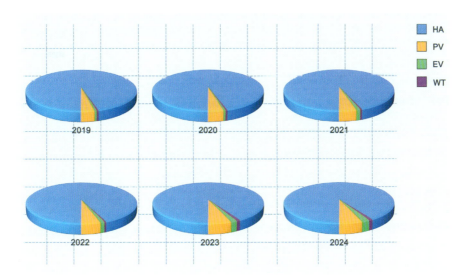

图 18-3　2019—2024 年薄膜电容器重要应用设备的需求

在考虑单个设备功率的前提下，用能环节中家用电器和电动汽车数量的增长趋势值得注意。另一方面，可再生能源光伏的增长趋势较为可观。风机方面，因为只计入了功率小于 10 千瓦的小型风力发电，因此数量优势不明显，但风力发电促使更多清洁能源得到利用的作用不容忽视。从薄膜电容器主要应用设备的需求角度可以看到，由碳中和驱动的风机和光伏，以及人们对家用电器和电动汽车的使用需求，使得世界对薄膜电容器的需求越来越大。

18.3 薄膜电容器生产过程中的碳排放

考虑到薄膜电容器生产过程主要使用铝和高分子聚合物材料[7]，计算铝和聚合物材料的碳排放量如表 18-1 所示。

随着对薄膜电容器需求的进一步增加，薄

表 18-1　2015 年按聚合物类型划分的聚合物材料初代产品产量

影响因素	总计 / 10^6t	电气部分 / 10^6t	每吨 CO_2 的碳排放系数 / t	碳排放 / t
聚对苯二甲酸类塑料	33.00	0.003 3[a]	2.15[b]	7 095
聚丙烯塑料	68.00	0.612	2.53	1 548 360
聚苯乙烯系塑料	25.00	0.15	1.37	205 500

注：a—PET 在所有聚合物中的比例为近似值。b—本数据来源于 GmbH—德国 ALPLA PET 回收团队

膜原材料生产过程中的碳排放将是一个需要高度关注的关键点。作为薄膜电容器生产中另一个重要材料，铝的生产工艺也是碳排放的重要因素。国际铝协会（International Aluminium Institute，IAI）[8] 的数据表明了全球原铝产量的情况。

机械、设备和电气行业使用的原铝在生产过程的每个部分都会产生碳排放[9]，而此时的产品与薄膜电容器中使用的铝箔还有一定的距离，这意味着在之后的加工环节还会有更多的碳排放。一方面，薄膜电容器的生产会造成能源消耗；另一方面，薄膜电容器的高可靠性和高功率密度将有助于能源系统消纳可再生能源，从而减少碳排放。

18.4 二氧化碳减排案例研究

在对航空航天、自动化、电机驱动、公共电力等行业的电子元件制造商和电力用户的调查[10]中，近20%的受访者认为电容器是电力电子系统中最脆弱的设备。因此，结合对文献[10, 11]的整理，比较薄膜电容器和铝电解电容器的关键性能指标，以探索薄膜电容器对铝电解电容器的替代优势。

薄膜电容器每微法可承受电流为200mA～2A，优于铝电解电容器每微法可承受20毫安电流的承受能力。

在额定电压方面：薄膜电容器高于1 000V的额定电压同样优于铝电解电容器小于600V的额定电压。

在使用寿命方面：薄膜电容器的9～11年相较于铝电解电容器的3～5年更长。

额定电压高和额定电流大意味着薄膜电容器的功率也更大，更长的寿命能让能量传输的时间更长，这都将有助于更多可再生能源通过薄膜电容器传输进入能源系统。实际工程中，能源系统要做到输入能量与输出能量之间的平衡。因此如果负责可再生能源接入能源系统的铝电解电容发生故障，那么缺少的这部分能量就要通过其他地方的能源供给来弥补。

考虑到薄膜电容器具有更优的性能，根据各项能源生产技术的碳排放数据[12]，可以计算1年（8 760h）内，弥补性能差别带来的能源空缺时，一年中不同时间点各能量生产方式的累积二氧化碳排放量，如图18-4所示。

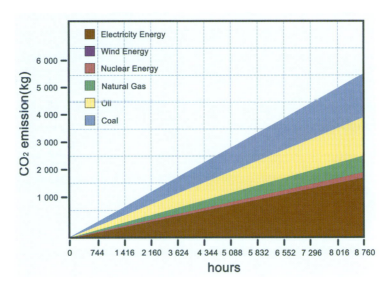

图 18-4 在弥补性能差别带来的能源空缺时，一年中不同时间点各能量生产方式的累积二氧化碳排放量

当缺失的部分能量通过天然气、石油和煤炭的火力发电来补充时，铝电解电容器的功率限制将导致更多的碳排放。随着时间的推移，二氧化碳排放量不断增加。在第 8 760h，风能、核能、天然气、石油和煤炭产生的二氧化碳分别达到 19.76、26.35、772.39、1 383.38 和 1 648.53kg。这意味着如果用 1μF 的薄膜电容器代替同样电容大小的铝电解电容器用于风力发电传输，与燃煤发电相比，每年将减少 1 628.77kg 二氧化碳排放量。

18.5 从薄膜电容器的角度促进碳中和的建议

在设计和生产过程中，通过提前进行数字化和无纸化计算，优化设计，减少薄膜电容器生产和测试的迭代次数，缩短迭代周期；可将人工智能与实物实验结合，寻找生产薄膜电容器所需的新的低碳材料，从而减少试验和错误方法造成的能源和资源消耗，减少设计和生产过程中的碳排放。

在测试和运行过程中，充分利用大数据分析挖掘薄膜电容器测试数据中的规律，在保证产品质量的前提下，采用趋势预测、随机抽样、相似性比较等方法，减少不必要的测试。此外，将薄膜电容器应用于促进碳中和的领域，如风力发电、光伏发电和其他可再生能源使用和存储领域[13,14]，以充分发挥薄膜电容器高可靠性、长寿命和大功率的特点，帮助能源系统使用更多的可再生能源。

在回收再利用过程中，通过数字孪生技术及时监测薄膜电容器的状态[15]，检查薄膜电容器是否可以连续使用，以科学地减少薄膜电容器的生产数量。被评估为无法继续正常使用的薄膜电容器，可梯次利用，即在要求不是特别高的情况下，继续释放其潜在价值，节省相应的材料和资源，并减少替代品所需的设计、生产、制造和测试过程中产生的新的碳排放。

18.6 总结与讨论

（1）薄膜电容器生产过程中碳排放很大。但是，高可靠性、长寿命和高功率的特性使其能在能源系统的各个环节传输更多的可再生能源，从而减少碳排放。

（2）利用新材料、人工智能、大数据分析、高速通信、精密传感等新技术优化薄膜电容器产业，可以从研发、使用和回收的层面减少碳排放。

（3）应拓宽薄膜电容器的应用领域，尽可能将薄膜电容器应用于辅助实现碳中和的领域，这有助于加快二氧化碳转化为薄膜电容器材料的研究开发和应用进程。

（4）薄膜电容器生产所带来的碳排放，与薄膜电容器让更多可再生能源接入从而减少的碳排放这两者的定值关系的动态变化过程，还有待进一步探究。

（5）对薄膜电容器等能源器件生产、使用、回收全生命周期中关联的碳排放与碳减排的精细化建模以及配套的经济鼓励方案与政策，是接下来的重点课题。

参考文献

[1] ZHANG Yongxin, FENG Qikun, CHEN Fangyi, et al. Carbon emission and its reduction: from the perspective of film capacitors in the energy system [C]// *Proceed 2021 Annu Meet CSEE Study Committ HVDC Power Electr*, *Hybr Conf*, China IET, 2021: 28-30.

[2] Technavio. Film capacitor market by type, application, and geography-forecast and analysis 2021-2025 [EB/OL]. (2021-08) [2023-09-22]. https://www.technavio.com/report/film-capacitor-market-industry-analysis.

[3] ZHANG Keshen. Global and China's small wind power installed capacity in 2020 [EB/OL]. Intelligence Research Group, (2021-03-22) [2023-09-22]. https://www.chyxx.com/industry/202103/939996.html.

[4] Our World in Data. Installed solar energy capacity [EB/OL]. (2023-09-22) [2023-09-22]. https://ourworld indata.org/grapher/installed-solar-pv-capacity.

[5] KUAI Jian, MA Tianyi. Film capacitors & super capacitors usher in the fast lane [EB/OL]. Orient Securities, (2021-06-23) [2023-09-22]. https://www.hangyan.co/reports/260282226 4877483102?page_num=22.

[6] iiMedia Research. Global sales of major household appliances from 2006 to 2019 [EB/OL]. (2019-08-21) [2023-09-22]. https://data.iimedia.cn/data-classification/detail/13122451.html.

[7] Texas Advanced Computing Center. Jorge S. Researchers use machine learning to more quickly analyze key capacitor materials [EB/OL]. (2019-06-27) [2023-09-22]. https://www.tacc.utexas.edu/-/researchers-use-machine-learning-to-more-quickly-analyze-key-capacitor-materials.

[8] IAI. Primary aluminium production [DB/OL]. (2023-09-22) [2023-09-22]. https://international-

aluminium. org/statistics/primary-aluminium-production/.

[9] Statista. Global end use of aluminum products in 2020 [EB/OL]. (2022-03) [2023-09-22]. https://www. statista.com/statistics/280983/share-of-aluminum-consumption-by-sector/.

[10] YANG Shaoyong, S, Bryant A, Mawby P, et al. An industry-based survey of reliability in power electronic converters [J]. ***IEEE Trans Ind Appl***, 2011, **47**: 1441-1451.

[11] Terzulli G, Peace B W. Film technology to replace electrolytic technology [EB/OL]. [2023-09-22]. https://www.kyocera-avx.com/docs/techinfo/FilmLeadedPowerSurfaceMount/filmtech.pdf.

[12] Gnonhoue O G, Velazquez-Salazar A, David É, et al. Review of technologies and materials used in high-voltage film capacitors [J]. ***Polymers***, 2021, **13**(5): 766-767.

[13] ZHONG Zhiming, ZHANG Yongxin, SNEN Hong, et al. Optimal planning of distributed photovoltaic generation for the traction power supply system of high-speed railway [J]. ***J Clean Product***, 2020, **263**: 121394.

[14] FENG Qikun, ZHONG Shaolong, PEI Jiayao, et al. Recent progress and future prospects on all-organic polymer dielectrics for energy storage capacitors [J]. ***Chem Rev***, 2021, **122**: 3820-3878.

[15] ZHANG Yongxin, FENG Qikun，ZHONG Shaolong，et al. Digital twin accelerating development of metallized film capacitor: Key issues, framework design and prospects [J]. ***Energy Reports***, 2021, **7**: 7704-7715.

第 19 章

依海而富，向海而兴
——如何利用好巨大的海洋能源宝库

人类历史上以利用陆地能源为主，但海洋能源正在成为新一轮能源转型的关注重点。在全球范围内，政府、科研机构和企业正加大对海洋能源研究与开发的投入，力求减少对化石燃料的依赖，减轻环境压力，应对气候变化。海洋能源作为一种清洁、可再生的能源，不仅具有巨大的潜力，而且在许多方面拥有优势。海洋能源中有三种重要的能源：海洋油气、海上风电和深海能源，其潜力巨大，但也面临一定开发障碍。如何对其进行更好地开发，正是清华大学海洋学科不断探索的重要课题。海洋是地球重要的组成部分。

19.1 海洋能源成为能源转型新焦点

传统的陆地能源，如煤炭、陆地石油和天然气，不仅储量有限，而且在开采和使用过程中对环境造成了严重污染。正因如此，开发海洋能源成为迫切的需求，以满足持续增长的全球能源需求，并减轻环境压力。海洋是地球重要的组成部分。地球表面的总面积约为 5.1 亿 km^2，其中海洋的总面积约为 3.61 亿 km^2，约占地球总面积的 71%。海洋内存储了约 13 亿 m^3 的海水，包含了地球上 97% 的水资源，其能源储量也非常丰富。全球一半的人口生活在海岸线 100km 以内的区域，而其他大多数人口也十分靠近湖泊、河流或沼泽。

海洋能源正逐渐崛起，引领新一轮能源革命。从定义上来说，海洋能源是埋藏于大陆架和深海海床的化石能源和可再生的各类海洋能源，具体包括潮汐、波浪、温度差、盐度梯度、海流、海上风电等。下面将主要讨论其中最主要的三种能源，同时也是和清华大学的海洋学科关系最为密切的：海洋油气（图 19-1）、海上风电（图 19-2）和深海能源。

图 19-1　海洋油气

图 19-2 海上风电

19.2 海洋油气的开发

随着陆地油气的开采殆尽，海洋油气成为了新的能源增长极。2021年，中国海洋原油、天然气产量分别为 5 464 万 t、196 亿 m^3，同比增长 5.8%、5.4%，其中海洋原油增量占全国总增量的 80% 以上，创历史最高水平；海洋天然气资源开发逐步向深水、超深水迈进，产量稳健增长。

19.2.1 钻井平台

在海洋中进行油气开采时，首先用物探船去确定油气分布区域，了解具体蕴藏石油的海域，并使用钻井平台去挖掘海洋油气。钻井平台最初为固定式钻井平台，一经安装便无法移动，现在已基本被淘汰。后来有了可以垂直移动的自升式钻井平台，它具有一定的灵活性，但还是难以应对恶劣的海洋环境，最多只适于一百多米水深的作业。面对更深水处的油气资源，就需要使用半潜式钻井平台，它可以改变自身的重心，同时配上四周安装的锚链与大马力推进器、卫星定位、气象监测等技术手段，就可以基本保证水平和垂直方向的稳定性。"海洋石油 981"半潜式钻井平台的作业水深已达到 3km，钻头达 0.5m，最大钻探深度超过 15km。[2]

19.2.2 海洋油气生产加工

钻井平台钻取出的油气还夹杂着大量的泥沙和杂质,因此还需要生产加工和运输,如图19-3所示。平台同样有三种形式,第一种是近岸生产平台,在陆地上的工厂里进行加工环节。随着海水深度增大,与岸边距离变远,就要用到第二种加工模式:海上加工模式,把加工设备紧凑地布局在一艘大船上,再加上自动化控制系统以及船舱的储存功能,一座化工厂便被巧妙地塞进了一艘船里,这便是生产储油船(Floating Production Storage and Offloading,FPSO)。海上油气在生产、汇集之后能直接在海上完成加工,而后经由油轮送往陆地。随着水深达到400m以上,就需要使用水下生产系统,减少天气影响,提高可靠性,并配合远程控制系统降低成本。可即便如此,生产储油船单纯作为船只,船体的稳定性有限,并不能从容应对恶劣的深海环境。第三种加工方式是采用半潜式生产储卸油平台,如"深海一号",这种平台可以在更深的海域工作,提供更强大的稳定性,并可重复使用。深海一号是全球首座10万吨级深水半潜式生产储卸油平台,总高度达120m,相当于40层楼高,若从空中俯瞰,其面积相当于两个标准足球场,最大排水量达11万t,相当于近2艘"山东舰"航母,而作业深度则达到1 500m。其生产的天然气,只需一天即可经过香港到达粤港澳大湾区,每年可向大湾区供气30亿 m^3,相当于大湾区1/4的民生用气需求。

图 19-3　海洋油气生产加工示意图

19.2.3 海上风电的开发

第二种海洋能源是海上风电。风能是重要的可再生能源之一，海上风能资源丰富，极具发展潜力。中国拥有超 18 000km 海岸线，较适宜大规模开发海上风电。近 10 年全球海上风电年均增长速度近 30%，深远海漂浮式风电技术快速发展，海上风能等海洋可再生能源在促进跨行业合作和能源低碳转型中发挥着越来越独特的作用[3]。截至 2022 年底，世界上最大的风机由中国成功制造。其直径达到 252m，单机容量为 16MW，叶轮扫风面积约 5 万 m^2，约等于 7 个标准足球场。目前我国的海上风电投运规模已达到全球的 45% 以上，预计到"十四五"末，中国海上风电投运规模将达 60GW。以 1 500kW 的风机机组为例，机组叶片大约有 35m 长（约 12 层楼高）。风力发电机每转动一周，需要 4~5s（但这时的叶尖速度可达 280 多 km/h，堪比高铁速度），可以产生约 1.4° 电。在正常满功率的情况下，一天的发电量就可供 15 个家庭使用 1 年。这样一台风力发电机，每年可以减排 3 000t 二氧化碳、15t 二氧化硫、9t 二氧化氮。海上风电发电利用小时数高、不占用陆地资源、不消耗水资源，适宜大规模开发，发电效率普遍比陆上风电高出 20%~40%。

值得一提的是，由于海面上没有任何遮挡物，光照强度高，因此海洋光伏发电也大有可为。虽然海上光伏产业在中国处于初级阶段，需要进一步加强技术研发、政策支持和资金投入。政府已认识到其潜在价值并开始布局。沿海各省份也开始意识到推动海上光伏开发建设有利于沿海省份突破土地约束，拓展新能源发展空间，对优化调整省内能源结构、推进海洋强省建设以及助力经济社会绿色低碳高质量发展有重要意义。我国大陆海岸线长 1.8 万 km。根据美国发布的《世界概况》(*The World Factbook*) 数据，中国海岸线世界排名第八。可以想象，可安装海上光伏的海域将非常广阔。

19.2.4 深海矿物的开发

深海矿物能源，如铜、镍、钴等，都比陆地上更为丰富。多金属结核、多金属硫化物与富钴结壳相对于陆地储量，仅东太平洋克拉里昂－克利珀顿区（Clarion-Clipperton Zone, CCZ）的钴储量就为陆地储量的 3.4~6 倍，镍储量为陆地储量的 1.8~3 倍，铜储量约为 1/5~1/6。深海矿产资源勘探与开发是应对矿物资源危机的有效途径。

可燃冰具有巨大的开采潜力。可燃冰（也称作甲烷水合物，天然气水合物）是一种由天然气与水在高压低温条件下形成的类冰状的结晶物质，分布于深海沉积物或陆域的永久冻土中，如图 19-4 所示。因其外观像冰一样而且遇火即可燃烧，所以被称作"可燃冰"。它是一种燃烧值高、清洁无污染的新型能源，分布广泛而且储量巨大[4]。2017 年南海北部神狐海域，"蓝鲸一号"海上钻井平台，成功进行了首次可燃冰试采，取得试开采的历史性突破。开采区域位于南海神狐海域水深 1 266m 海底以下 203~277m 的可燃冰矿藏。开采的甲烷含量最高达 99.5%，圆满完成预定目标，对促进我国能源安全保障、优化能源结构，甚至对改变世界能源供应格局，都具有里程碑意义。

图 19-4 可燃冰

根据《矿产资源法实施细则》有关规定，国务院已正式批准将可燃冰列为中国第 173 个矿种。南海可燃冰矿产资源开发成为我国海洋战略的核心之一。可燃冰蕴含的天然气资源达到已知常规天然气资源的数十倍[5]。根据勘测结果，按所提供的能量比例来换算，我国可燃冰总量相当于 800 亿 t 石油。在 2022 年，我国一年进口石油 5.4 亿 t，如果将这些可燃冰投入使用，将会极大减缓我国对进口石油的依赖。从海底地层的纵断面来看，可以发现海底地层是逐层分布的，而可燃冰的富集区域一般对温度和压力有一定要求，一般而言，它稳定存在的条件要求是低温高压的环境。目前清华大学的陈道毅教授团队就在进行新一代南海可燃冰开采、固碳和地质修复三联技术的研究，利用二氧化碳（CO_2）水合物稳定性大于天然气水合物的原理，进行二氧化碳（CO_2）水合物的置换开采，不仅实现可燃冰的有效开采，同时也保证在开采结束后，把 CO_2 以水合物的形式储存在海底沉积物层。可燃冰的开采也存在地质风险，在开采过程中，随着可燃冰的分解，海底边坡的下滑力增加，抗滑力减小，进而安全系数会降低，这时就面临较大风险，很容易就会发生海底滑坡甚至系列性的地质灾害，这是目前很多科研工作者正在探索的问题。

总之，随着全球能源需求的不断增长和对环境保护的日益关注，海洋能源的开发显得愈加重要[6]。我国作为拥有丰富长海岸线的国家，具备丰富的海洋能源潜力，包括海上风电、海上光伏和潮汐能等。然而，要实现海洋能源的广泛应用，仍需克服许多挑战，如技术研发、成本降低、政策支持和资金投入等。我们应该继续加大在海洋能源领域的研究与开发力度，促进产业技术创新，培育相关人才，并与其他国家加强国际合作，共享技术和经验。

在未来，随着海洋能源技术的不断成熟和产业规模的扩大，海洋能源有望成为中国新能源产业的重要支柱，为实现绿色低碳高质量发展、优化能源结构和保护生态环境作出贡献[7]。让我们共同期待中国海洋能源产业在新的历史时期取得更加辉煌的成就。

参考文献

[1] 杨木壮，金庆焕. 我国海洋能源矿产资源潜力与开发利用策略 [C]// 中国地质学会海洋地质专业委员会，中国海洋学会海洋地质分会. 海洋地质、矿产资源与环境学术研讨会论文摘要集. 广州：广州大学地理科学学院，2006: 104-105.

[2] 苏国锦，孔繁洁. 自升式钻井平台技术发展趋势 [J]. 设备管理与维修，2021(9): 115-118.

[3] 吴兆娣. 对海上风能利用的探讨 [C]// 2022 供热工程建设与高效运行研讨会论文集. 中国市政工程华北设计研究总院有限公司，《煤气与热力》杂志社有限公司，中国建设科技集团股份有限公司，2022: 926-930.

[4] 张辉，金伟晨，赵羿羽，等. 天然气水合物开发装备技术体系研究与展望 [C]// 北京造船工程学会 2018-2019 年学术论文集. 北京造船工程学会，2020: 112-118.

[5] 何步新. 能源新贵—煤层气及可燃冰 [C]//《科技创辉煌》编辑委员会. 科技创辉煌：中国创新成果与学术精典. 北京：西苑出版社，2011: 756-759.

[6] Das T K, Islam N, Samad A, et al. Passive flow control via tip grooving and stall fencing mechanisms of a marine energy harvesting turbine [J]. *Scientific Reports*, 2023, **13**(1): 2677-2678.

[7] DONG Dou. Energy structure optimization and economic growth[C]// *2017 5th Int'l Conf Mach, Mater Comput Tech (ICMMCT 2017)*. Atlantis Press, Netherlands, 2017: 1605-1610.

第 20 章

碳捕集利用与封存技术：起源、进展与贡献

碳捕集利用与封存（CCUS）是实现碳中和目标不可或缺的重要技术选择。CCUS不仅可以实现传统化石能源利用的"近零排放"，促进难减排行业深度减排，而且在碳约束条件下对于增强电力系统灵活性、保障电力安全稳定供应、抵消难减碳温室气体排放、最终实现碳中和目标等方面具有重要意义。

20.1 CCUS 技术的起源与定义演变

碳捕集利用与封存（Carbon Capture Utilization and Storage，CCUS）技术是指将二氧化碳（CO_2）从工业、能源生产等排放源或空气中捕集分离，并输送到适宜的场地加以利用或封存，最终实现 CO_2 减排的技术[1]。事实上，CO_2 捕集技术起源于 20 世纪 20 年代，其最初的用途是分离甲烷中的 CO_2 以提高天然气的纯度。20 世纪 50 年代起，CO_2 强化驱油技术（CO_2 Enhanced Oil Recovery，CO_2-EOR）逐渐受到关注。1972 年，全球首个二氧化碳强化驱油技术商业项目在美国得克萨斯州正式投产运营。

20 世纪 80 年代起，科学家开始提出将 CO_2 封存于天然气层、咸水层等地质构造的设想，随后政府间气候变化专门委员会（Intergovernmental Panel on Climate Change，IPCC）、欧盟等组织相继提出并定义了碳捕集与封存（Carbon Capture and Storage，CCS）的概念：将 CO_2 从工业或相关能源产业的排放源中分离出来，输送并封存在地质构造中，实现 CO_2 与大气长期隔绝的过程。此后，中国结合本国实际提出了 CCUS 技术的概念，增加了对 CO_2 资源化利用（Carbon Capture and Utilization，CCU）的相关表述。

2009 年 10 月，时任中国科学技术部部长万钢在第三届"碳收集领导人论坛"（Carbon Sequestration Leadership Forum，CSLF）部长会议上提出应考虑对捕集到的 CO_2 进行商业利用。2011 年，中国科学技术部社会发展科技司和中国 21 世纪议程管理中心联合发布《中国碳捕集利用与封存技术发展路线图》[2]，该报告正式规范定义了 CCUS 技术的科学概念。随着各类新型 CCUS 技术的不断涌现和发展，中国科学技术部社会发展科技司和中国 21 世纪议程管理中心在《中国碳捕集利用与封存技术发展路线图（2019 版）》[3] 中对 CCUS 技术的概念进行了重新定义和分类。

随着全球碳中和目标的不断推进，直接空气捕集（Direct Air Capture，DAC）技术和生物质能碳捕集与封存（Bioenergy With Carbon Capture And Storage，BECCS）技术受到了广泛关注。两类技术均可以实现负排放，前者是直接从大气中捕集 CO_2 并将其加以利用或封存，后者则是将生物质燃烧或转化过程中产生的 CO_2 进行捕集、利用或封存。在广义的 CCUS 技术定义中，DAC 技术和 BECCS 技术也被包含在内，如图 20–1 所示。

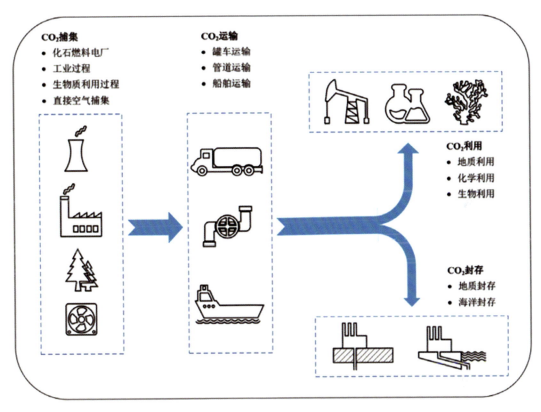

图 20-1 碳捕集利用与封存（CCUS）系统边界示意图

20.2 碳捕集利用与封存（CCUS）技术的分类

碳捕集利用与封存（CCUS）技术按其全流程顺序可划分为捕集、输运、利用与地质封存四个环节，如图 20-2 所示，各技术环节简要概述如下。

CO_2 捕集是指利用吸收、吸附、膜分离、低温分馏、富氧燃烧等技术将不同排放源的 CO_2 进行分离和富集的过程。压缩指将捕集后的低压 CO_2（多级）增压和温控至运输所需的状态，例如，低温液态、超临界态等。捕集环节的碳源主要针对能源生产和工业过程等大型集中排放源，例如燃煤电厂、钢铁厂、水泥厂、化工厂等，而"负排放技术"的提出又将 CO_2 捕集的碳源拓展至生物质 [即生物质能碳捕集与封存（BECCS）技术]、大气 [即直接空气捕集（DAC）技术] 排放等领域。

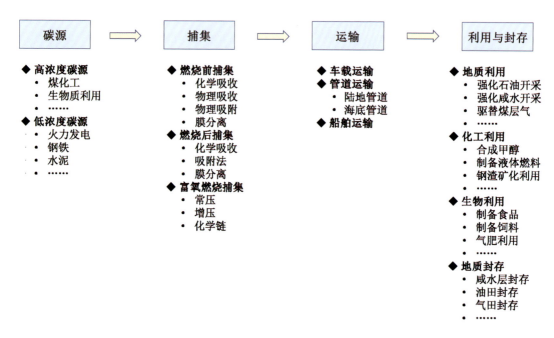

图 20-2 碳捕集利用与封存（CCUS）技术流程及分类

依据 CO_2 从能源系统中分离和集成方式的不同，可将其划分为燃烧前捕集、燃烧后捕集和富氧燃烧捕集三种主要形式，如图 20-3 所示。此外，捕集技术按照能耗与成本可进行代际划分。其中，第一代捕集技术指现阶段已能进行大规模示范的技术，二代捕集技术指技术成熟后能耗和成本可比成熟后的第一代技术降低 30% 以上的新技术。

CO_2 运输是指将捕集的 CO_2 运送到 CO_2 利用或封存场地的过程，主要包括船舶、铁路、公路罐车以及管道运输等不同方式。一般来说，小规模和短距离运输可考虑选用公路，而长距离规模化运输或碳捕集利用与封存（CCUS）产业集群优先考虑管道运输。

二氧化碳（CO_2）利用技术是指利用 CO_2 的不同理化特征，生产具有商业价值的产品，主要包括地质利用、化工利用和生物利用三种形式。其中，CO_2 地质利用技术是将 CO_2 作为工质强化地下能源与资源开采的技术，同时 CO_2 被隔离于地质体内，主要用于强化石油、天然气、地热、咸水、铀矿、页岩气等资源开采。CO_2 化工利用技术是通过化工过程，将 CO_2 和共反应物转化成能源燃料、高附加值化学品以及矿物材料等目标产物。CO_2 生物利用技术是通过生物转化过程将 CO_2 转化成食品、饲料、生物肥料和生物燃料等有用产品的技术。

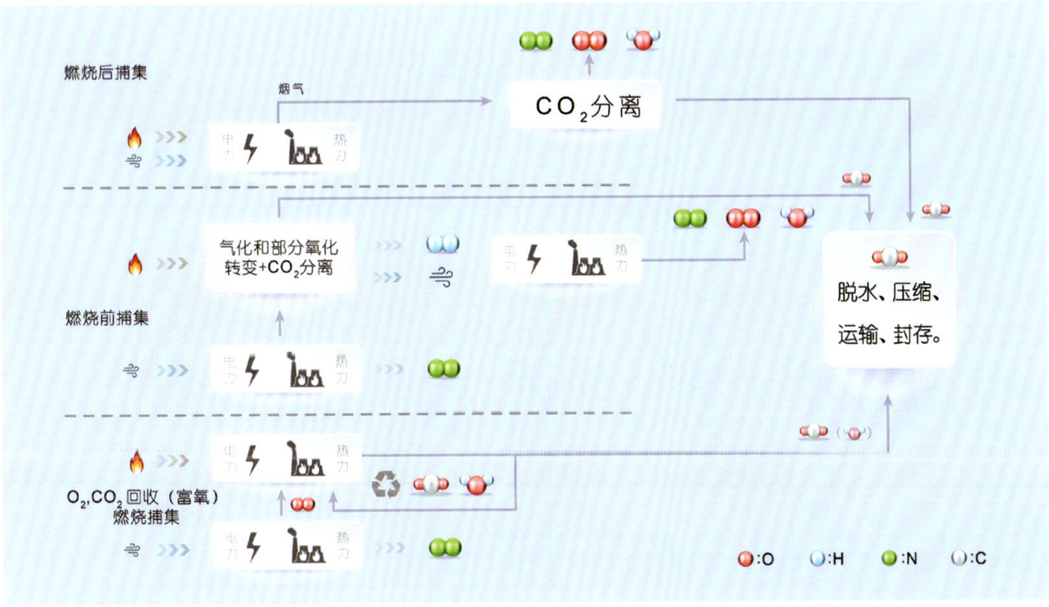

图 20-3　碳捕集利用与封存（CCUS）技术流程及分类

二氧化碳（CO_2）地质封存技术是指通过工程技术手段将捕集的二氧化碳注入深部地质储层，实现与大气长期隔绝的技术，主要包括陆上封存（陆上咸水层封存、枯竭油气田封存等）和离岸封存（又称海洋封存）两种方式。

20.3 碳捕集利用与封存（CCUS）现状与挑战

从时间维度看，全球碳捕集利用与封存（CCUS）技术的发展正在逐步加快。2000年前，全球仅有5个CCUS技术商业化运营项目。到2020年，CCUS技术商业化运营项目数量增加至29个，捕集能力达到4 000万t每年。截至2022年9月，全球共有196个CCUS技术设施，其中30个处于商业运营阶段，11个处于在建阶段，153个处于高级开发阶段。处于不同发展阶段的商业CCUS技术项目的CO_2总捕集能力达到2.44亿t每年，同比增加44%[5]，如图20-4所示。

尽管在过去的几年里，全球CCUS技术项目的数量有了大幅增长，但现阶段CCUS技术的减排规模与全球减排需求相比，仍微不足道。

要实现 2℃ 温控目标，到 2050 年，全球 CCUS 技术项目的捕集能力要达到 5.6 亿 t [6]。此外，CCUS 技术项目的部署进程还会受到来自政策、技术、市场、公众接受度等诸多层面的不确定性因素的影响。

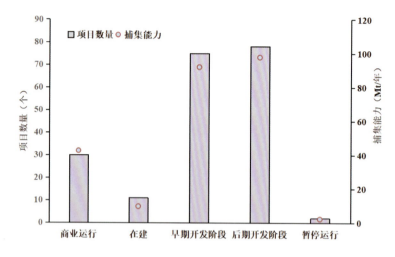

图 20-4　全球碳捕集利用与封存（CCUS）部署情况

实际上，CCUS 技术并非唯一遭遇挑战的清洁技术。在国际能源署（International Energy Agency，IEA）追踪的 46 项实现净零排放目标的关键清洁技术中，只有电动汽车和照明技术达到预期发展进度，余者或多或少低于预期，这也充分反映了以 2050 年净零排放目标为指针的能源转型仍存在较大挑战。

近年来，我国在 CCUS 技术领域取得了显著的进步。目前，我国处于不同阶段的 CCUS 技术项目数量已超过 50 个，多个标志性项目相继落地投产。2022 年 8 月 29 日，中石化宣布我国最大的碳捕集利用与封存全产业链示范基地、国内首个百万吨级 CCUS 技术项目——"齐鲁石化 – 胜利油田百万吨级 CCUS 技术项目"正式注气运行。2023 年 6 月 2 日，亚洲最大的火电 CCUS 技术项目——国家能源集团江苏泰州电厂 50 万吨每年 CCUS 技术项目正式投产，该项目捕集每吨 CO_2 热耗低于 2.4GJ、电耗低于 90kWh，CO_2 捕集率大于 90%，产出的干基 CO_2 纯度大于 99.99%，各项指标均处于行业领先水平[7]。

但我国的 CCUS 技术目前整体上仍处于工业化示范阶段。未来，要推动 CCUS 技术在我国的大规模商业化部署，还需克服一系列挑战，包括 CCUS 技术各环节技术发展不均衡、基础设施建设滞后、缺乏经济激励型政策、CCUS 技术相关法律法规缺位以及技术本身及其环境影响的不确定性等。

20.4 碳捕集利用与封存（CCUS）与气候目标

气候变化问题是当今全球共同面临的重大挑战之一。碳捕集利用与封存（CCUS）作为一项具备大规模减排潜力的脱碳技术，对于实现全球深度减排目标不可或缺，在国际社会受到广泛关注的同时，也对我国实现应对气候变化中长期战略具有重要意义。

政府间气候变化专门委员会（IPCC）特别报告《全球升温1.5℃》[8]（简称SR1.5报告，下同）和第六次评估报告综合报告[9]（简称AR6综合报告，下同）中几乎所有温升预测模型的结果都表明，如果没有CCUS技术[包括直接空气捕集（DAC）和生物质能碳捕集与封存（BECCS）技术]，将无法实现2℃和1.5℃的温控目标。SR1.5报告指出，约90种情景都需要CCUS技术参与才能够实现1.5℃温控目标。AR6综合报告评估结果表明，在2℃和1.5℃温控目标下，2020—2100年CCUS技术的累积减排量分别需达到2 550亿t二氧化碳（CO_2）和3 350亿t二氧化碳（CO_2）。

国际能源署（IEA）关于全球温控目标下CCUS技术减排贡献的评估结果与IPCC基本一致。在IEA全球能源系统可持续发展情景下，2070年全球实现能源系统净零排放，CCUS技术的累积减排贡献为15%，约2 400亿t CO_2；且2070年时碳捕集利用与封存（CCUS）技术的减排规模将达到104亿t CO_2每年[10]。

我国目前是全球最大的CO_2排放国，同时也是最大的发展中国家，面临发展经济、保障能源安全以及应对气候变化等多重挑战。习近平主席于2020年9月22日在第75届联合国大会期间提出，我国CO_2排放力争于2030年前达到峰值，努力争取2060年前实现碳中和。上述CO_2减排目标的提出将对我国诸多行业的发展产生深远的影响，加速其低碳化转型进程，尤其是煤炭利用相关行业，如燃煤电厂、煤化工厂。

目前，CCUS技术是唯一能够实现煤炭利用相关行业深度脱碳的技术；此外，其他大型工业排放源（如钢铁厂、水泥厂）的深度脱碳也需在一定程度上依赖CCUS技术。亚洲开发银行指出，如果不采用CCUS技术，我国实现减缓气候变化远期目标的整体成本将会上升25%[11]。因此，CCUS技术对于未来我国实现CO_2减排目标、构建生态文明和实现可持续发展同样具有重要的意义。

参考文献

[1] 黄晶，陈其针，仲平，等. 中国碳捕集利用与封存技术评估报告 [M]. 北京：科学出版社，2021: 1-249.

[2] 科技部社会发展科技司，中国 21 世纪议程管理中心. 中国碳捕集、利用与封存技术发展路线图研究 [M]. 北京：科学出版社，2011：1-27.

[3] 科技部社会发展科技司，中国 21 世纪议程管理中心. 中国碳捕集、利用与封存技术发展路线图（2019）[M]. 北京：科学出版社，2019：1-20.

[4] 魏一鸣. 气候工程管理：碳捕集与封存技术管理 [M]. 北京：科学出版社，2020: 1-30.

[5] Global CCS Institute. Global Status of CCS 2022 [R]. Australia: Global Status of CCS, 2022.

[6] International Energy Agency. CCUS in clean energy transitions[R]. Paris: IEA, 2020.

[7] 王静. 亚洲最大煤电碳捕集利用封存项目在泰州投产 [N]. 新华日报，2023-06-03.

[8] Intergovernmental Panel on Climate Change. Global warming of 1.5°C [R]. Incheon: IPCC, 2018.

[9] Intergovernmental Panel on Climate Change. The sixth assessment report synthesis report: Climate change 2023 [R]. Geneva: IPCC, 2023.

[10] International Energy Agency. Accelerating technology progress for a sustainable future [R]. Paris: IEA, 2020.

[11] Asian Development Bank. Roadmap for carbon capture and storage demonstration and deployment [R]. Philippines: ADB, 2015.